LOCUS

LOCUS

LOCUS

LOCUS

from

vision

from 07 記憶七罪

The Seven Sins of Memory

作者：沙克特 (Daniel L. Schacter)
譯者：李明
責任編輯：潘乃慧
美術編輯：謝富智
法律顧問：全理法律事務所董安丹律師
出版者：大塊文化出版股份有限公司
台北市 105 南京東路四段 25 號 11 樓
www.locuspublishing.com
讀者服務專線： 0800-006689
TEL ：(02) 87123898　FAX ：(02) 87123897
郵撥帳號： 18955675　　戶名：大塊文化出版股份有限公司
本書中文版權經由博達著作權代理有限公司取得

總經銷：大和書報圖書股份有限公司　地址：台北縣五股工業區五工五路二號
TEL：(02) 8990 2588　FAX：(02) 22901658
排版：天翼電腦排版印刷有限公司　　製版：源耕印刷事業有限公司
初版一刷： 2002 年 5 月

初版 9 刷：2008 年 5 月

定價：新台幣 280 元
Printed in Taiwan

The Seven Sins of Memory
記憶七罪

Daniel L. Schacter 著
李明 譯

目錄

緒論　神祇的賜予

川端康成帶有謎樣意味的短篇小說《弓浦》，主人翁是位小說家。某天一名婦人突然前來造訪，自稱三十年前小說家到弓浦時認識了她，當時那裡正在舉行港口節慶。小說家並不記得婦人，不過最近他記憶上出過好幾次毛病，所以不免擔心這件事代表自己心智狀況更爲退化。等到婦人提及有天在她房間裡發生的事，他的不安變成了驚駭，因爲她不勝追憶地吐露：「你求我嫁給你。」小說家反覆思索，弄不清自己究竟遺忘了多少事。婦人告訴他，她從未曾忘懷兩人共度的時光，也一直爲相思所苦。

一等婦人離去，心神不寧的小說家拼命在地圖上找尋弓浦，希望能回想起這個地方，以及自己爲什麼去那裡的原因，可是翻遍地圖和書本，根本找不到這樣一個城市。小說家最後終於想起來，根據自己當時的行蹤，根本不可能在那段時間到過那一帶地方。雖然婦人的回憶鉅細靡遺而且刻骨銘心，但卻是全然虛幻的假像。

這個故事生動地描述了記憶可能給我們帶來的麻煩。我們有時會忘記過去或扭曲過去，有時會經年累月爲惱人的回憶所苦。不過，我們日常生活中必須依賴記憶來執行各式各樣的工作，舉凡回想與友人的交談或與家人渡假的情景、記住各項約會以及有待完成的雜務、與人談話時找出適當的語詞、記得自己喜歡或討厭的食物、學會新工作必備的知識等等，或多或少都有賴於記憶。記憶在日常生活中幾乎無所不在，所以我們往往視爲理所當然，直到記憶出了差錯，才會引起我們的注意。

本書廣泛探討各類記憶缺失的本質，並提出看待這些問題的新觀點，希望能協助讀者減少或避免記憶缺失帶來的負面影響。各類型的記憶錯誤一直是科學家深感興趣的領域，過去十年來，不少熱門的社會話題也與此相關。

嬰兒潮世代開始面對記憶問題

隨著戰後嬰兒潮世代日趨老化，這個龐大族群將日益感受記憶的問題。《新聞週刊》

（Newsweek）一九九八年有一篇封面專題報導就指出，對忙碌不堪而壓力沈重的嬰兒潮世代而言，記憶已經成爲頭號的健康問題。剛見過面就忘了對方是誰、找不到眼鏡、看到熟面孔叫不出名字，這種種糗事對許多工作與家庭上兩頭忙、還得學習操作一大堆眩目的新科技的人而言，可以說已成了家常便飯。爲了透過網際網路處理事務，你得記住多少通關密語或密碼？更別提還有公司的語音信箱和你的手機。你是否曾經因爲忘了某個永久密碼，而必須申請一個臨時的網址密碼？我自己就有過這種記錄。

除了每天生活中因爲記性不佳而造成困擾外，老人癡呆症的陰影也揮之不去。前美國總統雷根的案例，令大眾對這種可怕的病症更爲熟悉，一想到餘生都得在嚴重的遺忘中度日，就令人不得不關注記憶的問題。

雖然《弓浦》描述的記憶扭曲似乎誇張得過份，但真實生活中不乏類似或更爲離譜的例子。一九九六年，威爾科默斯基（Binjimin Wilkomirski）出版了納粹大屠殺的回憶錄《斷簡殘篇》（*Fragments*），以一個小男孩的觀點描繪集中營的生活，贏得全球各地的佳評。他的文筆生動有力，一位評論者讚嘆該書：「道德上如此具有份量，而且不假任何文學的刻意雕琢，令我都自覺不夠格呈上讚美之辭。」更值得一提的是，威爾科默斯基成年後對這段慘痛的童年往事原本已不復記憶，直到接受心理治療時才回想起來。由於這段故事感動了無數人，他成爲舉世知名的人物，也是大屠殺下虎口餘生的英雄。

不過到了一九九八年八月，事情有了變化。瑞士記者岡茲弗萊（Daniel Ganzfried）在蘇黎士的報上發表了一篇令人震驚的文章，揭發威爾科默斯基的本名爲多塞克（Bruno Dossekker），一九四一年出生後不久，就給年輕的生母送到孤兒院。戰爭期間，他一直在養父母多塞克夫婦的照料下，安然地居住在祖國瑞士。不論他對納粹暴行的慘痛「記憶」源於何處，反正絕不可能來自他童年在集中營的生活。難道多塞克／威爾科默斯基是徹頭徹尾在撒謊嗎？可能不是，因爲他仍堅信自己的回憶全屬事實。

我們每個人都有可能扭曲過去。回想一下你高一那年的生活，並試著回答下列的問題：「你的父母鼓勵你多參與體育活動嗎？」「宗教信仰對你有幫助嗎？」「你是否曾因不守規矩而遭體罰？」西北大學的精神分析學者歐佛（Daniel Offer）的研究團隊對六十七位將近五十歲的人提出這類問題。而早在三十四年前，也就是這些人剛進高中時，歐佛就曾向他們詢問過同樣的問題。因此，與從前的答案對照之下，他們現在的答案自然很令人好奇。

實際調查結果，這些人目前對自己青春期的回憶，與高一當時的回答顯然出現很大的落差：在他們目前的回憶中，父母鼓勵參與體育活動的不到四成，但當年卻有六成左右的人回答父母持鼓勵態度；只有四分之一的人認爲宗教有幫助，而在青少年時代給予肯定答案的高達七成左右；記得自己當年受過體罰的僅占三分之一，但當時卻有近九成的人承認受過體罰。

記憶的錯誤很有趣，也很重要。是什麼樣的記憶系統能容許前述種種的扭曲發生？爲什麼明明十分熟悉的面孔，有時就是叫不出名字？爲什麼鑰匙、錢包常會跑到莫明其妙的地方？爲什麼有些經驗在腦海中消逝得無影無蹤，而那些巴不得忘得乾乾淨淨的痛苦回憶卻反覆出現？我們該如何避免或預防記憶系統中這些惱人的毛病？

心理學家與神經學家發表過不計其數的論文，探討遺忘或記憶扭曲的的各個特定層面，但有關記憶失誤造成的種種問題，迄今尙未能建立一個整合性的概念架構，本書就是希望能塡補這個空缺。我嘗試以一個嶄新的途徑來理解記憶失誤的前因後果，從而提出該如何思考記憶可能導致的廣泛問題。

我從事記憶的研究已有二十年之久，對於記憶的失誤一直深感興趣，不過一直到一九九八年五月某個晴朗的早晨，在每天的例行散步時，我才突然想到一個簡單的問題：「記憶會爲我們招惹的麻煩究竟有哪幾種？」我頓時明白，要全盤瞭解記憶的錯誤，勢必先回答這個問題。然而，以前卻沒有人這樣做過。接下來的幾個月，我把自己的所知全部彙集起來，希望爲林林總總的記憶缺失、錯誤或扭曲理出個頭緒。我嘗試了好幾次之後，終於找到一種方式，可以讓所有問題有適當的歸位。

記憶七罪

我借用基督教古老的「七罪」之說，把記憶功能的缺失區分爲「七罪」：健忘（transience）、失神（absent-mindedness）、空白（blocking）、錯認（misattribution）、暗示（suggestibility）、偏頗（bias）、糾纏（persistence）。這些日常生活中經常發生的「記憶七罪」，也可能像古代的七罪一樣，帶來嚴重的後果。

健忘、失神、空白三者，屬於「不作爲」（omission）之罪，指的是我們明明希望想起來的事實、事件或觀念，卻偏偏想不出來。健忘是指記憶隨著時間過去而減退或喪失。我們回想過去六小時的所作所爲可能並不困難，但如果問起你過去六星期、六個月、甚至六年的活動，那麼你能記起的百分比應該愈來愈少。健忘是記憶的基本特性，也是許多記憶問題的禍根。

失神是注意力與記憶之間的介面出了問題。找不到隨手亂放的鑰匙和眼鏡、忘記午餐的約會，這種種心不在焉的記憶錯誤，通常是因爲心有旁騖，以致對該記住的事沒留神。這時相關的資訊並非隨著時間而消逝，而是一開始就沒留存於記憶中。

至於空白則是指腦子裡努力想找出某一資訊，卻終歸徒勞無功。我們都曾有過看到熟面孔卻叫不出名字的經驗。其實這個名字並不曾從我們的記憶中消逝——因爲幾個鐘頭或幾天後，我們可能突然想起原先百思不得的名字。

相對於這三種「不作爲」之罪，其他四種罪屬於「作爲」（commission）之罪：錯認、暗示、偏頗、糾纏。也就是說，雖然記憶看似存在，卻是不正確或不受歡迎的。

錯認是指將記憶錯認了源頭，把幻想誤爲真實，或是把報上讀到的消息誤記爲由朋友告知。這種情況遠比我們想像中來得普遍，在司法判決上尤其可能影響深遠。

至於另一種與此相關的暗示之罪，指的是喚起過去記憶時，因受到引導性的問題、評論或建議的影響，而使得記憶遭到扭曲。這種記憶之罪也與法律審判息息相關，甚至可能導致嚴重後果。

偏頗之罪反映了我們現有的知識與信念對自己過去回憶的強大影響力。我們常會不知不覺地根據自己目前的知識與信念，重新編排甚至全盤改寫先前的經驗。由此產生的是對特定事件的偏差演繹，或是無中生有的情節，這些與其說是「當時」的情景，還不如說是「現在」的感受。

第七種罪——糾纏——則是指那些我們明明想徹底忘卻的惱人資訊或事件，卻一再反覆地回想起來。每個人都或多或少有這樣的經驗：午夜夢迴之際，某次工作上的痛苦打擊或考試的挫敗在腦海裡揮之不去。在重度憂鬱或創傷經驗這類較極端的例子中，反覆糾纏的回憶更可能令人陷於困境甚至危及生命。

本書援用了不少嶄新的研究發現，有些屬於近期神經科學上的突破，使我們得以瞭解大腦在學習與記憶時的活動狀況，也能更清楚掌握記憶偏差的根源。另一方面，我也探討如何透過對這七種罪的認識，協助我們有效地克服相關的問題。當然，爲了有更深入的瞭解，我們還該問一問：爲什麼人類的記憶系統會出現這種種惱人甚至危險的特性。記憶七罪代表演化過程中大自然的疏失嗎？這樣的缺陷是否令人類面對了不必要的風險？我個人並不這麼認爲。相反地，我主張這七種罪都是人類心智正向適應特徵的副產品。

且讓我們拿古代的七罪做個類比。驕傲、憤怒、嫉妒、貪婪、暴食、慾望、怠惰，都很可能爲我們招惹禍端。不過換個角度來看，這些罪惡不過是誇張了某些有用甚至爲生存所需的特性。暴食令我們不適，但身體的健康有賴於消耗充分的食物；慾望可能令丈夫出軌，但性慾卻是人種繁衍所不可或缺；憤怒可能使血壓上升到危險的程度，但也確保我們在遭遇威脅時能奮起自衛。

記憶之罪亦可作如是觀。與其視之爲人體構造系統天生的弱點或缺陷，倒不如認爲它們提供了一扇窗口，使我們得以窺見記憶在人類演化過程中的適應狀況。如此我們可以瞭解，記憶爲何在大多時候能正常運作，又爲何會演化爲目前的形式。雖然我偏重於這些記憶問題對日常生活造成的干擾，但我的目的並不在於嘲諷或貶損，而是要強調：縱然記憶的缺失偶爾會帶來困擾，但也令人深自警惕，而且記憶仍不失爲連接過去與未來的可靠指引。

在第一章中，我探討的是健忘的性質及影響。十九世紀末，心理學的先驅們開始測量記憶的消逝速度，繪製著名的遺忘曲線。稍後的研究者更進一步，探討什麼類型的資訊比較容易遭到遺忘。這些研究有助於我們對許多廣泛課題的瞭解，從柯林頓總統對緋聞事件的證詞，到你上班一天後對辦公室留下的記憶，還有健忘如何隨著年齡惡化。此外，隨著神經造影技術的進展，可以爲學習與記憶時的腦部活動留下影像，協助探索健忘的根源。我也會評介一些改善健忘的方法，並說明近期神經生物學有關記憶與遺忘基因的研究進展。

第二章探討的是最爲惱人的失神。我們都有過丟三落四的經驗，而且次數多到自己都羞於承認。心不在焉的後果可能令人難以承受，著名大提琴家馬友友對此應該感受深刻，因爲一九九九年十月，他曾將一把價值二百五十萬美元的名琴遺失在計程車的行李廂內，還好警方立刻幫他找了回來。我在後文還會舉一個類似的例子，只是結局沒這麼幸運。爲了弄清爲什麼會發生分神的狀況，我們會探討注意力與記憶間的介面，釐清提示與備忘事物在日常生活中所能發揮的提醒功用。此外，「自動行爲」使我們從事例行公事性質的任務時，還能分心去想些別的事情，只不過也因此容易犯下心不在焉的錯誤。至於對所謂「展望性記憶」（prospective memory）這個新的相關研究領域，我們也會加以介紹。

生活中最令人懊惱的經驗，大概要算明明知道自己絕對知道某件事——朋友的名字、某些瑣碎問題的答案——卻偏偏想不起來。第三章的內容就在解釋我們爲什麼偶爾會發生這種暫時空白的現象。一般而言，人名和地名最容易發生這種狀況，瞭解箇中原由有助於我們對這項記憶之罪的認識。某個名字或單字「卡在舌尖」，也是人人都有過的經驗，雖然我們可能對相關的資訊如數家珍，偏偏就是想不出來關鍵的字眼。針對這種現象我也會比較各種理論，並提出改善之道。

另一種空白的現象，是記不起過去某段時期內發生過的所有事情，我會舉出一些相當離奇的案例。近年利用神經造影進行的研究，使我們可以一窺腦部發生這種空白的狀況，提供初步的影像資料。另外還有一些相關的研究，則有助於處理真實生活中的某些事項，如目擊證人的訊問等。

第四章所探討的是作爲之罪中的第一項：錯認。我們有時會無中生有，認爲自己做過某些事，但其實全然出諸想像；有時雖然正確記得自己看過某人，但時間和地點卻弄錯。我會舉例說明似曾相識、無意的剽竊、錯誤的罪犯指認等等狀況，並指出錯認如何在其中扮演要角。

科學家透過精心設計的方法，已經可以在實驗室內引導受測者產生認識上的錯誤。除瞭解釋這類虛構記憶爲何產生，我也會探討一個在實務與理論上都相當重要的課題：究竟有沒有辦法區別記憶爲真實或虛構？我們的研究團隊利用神經造影技術進行腦部掃描，已獲得一些初步的結果。此外，透過觀察容易發生這種記憶偏差的患者，有助於理解爲何正常人也可能發生這種現象。

第五章所探討的暗示，可能是七罪中爲害最大的一種。我們的記憶有時充斥著外在的影響，別人引導性的問題或回應可能讓我們受到暗示而無中生有，產生虛構的記憶。在法律層面上，暗示或受到暗示是個值得特別注意的課題。我們會透過實例，說明執法人員暗示性的詢問如何導致目擊者的指認產生嚴重失誤，還有心理治療人員所採用的暗示性的治療過程，也很可能誘發根本不曾發生的創傷記憶。年幼的兒童特別容易受到暗示性問題的影響，我提到麻州一家托兒所的個案，很可能就是因爲這個因素而造成了冤獄。易受暗示也可能讓人承認犯下根本未犯過的罪。我會一一探討這些案例，同時引用一些近期實驗的成果，說明誘人承認未犯的罪行有多麼容易。

我在先前的著作《尋找記憶》(*Searching for Memory*) 中指出，一般人往往把記憶視爲照像簿裡的照片，只要妥善保存，就可隨時搜尋出來，而且和當初存放時同樣清晰。但事實證明，人類記憶經驗的方式和照像機不同，我們會由經驗中萃取關鍵元素加以儲存，然後再造或重建這些經驗，而不是照單全收。有時在重建的過程中，我們還會加入自己的感受、信念，甚至事後才獲知的資訊。換言之，我們可能會以事件發生後的情緒或知識，來扭曲對往事的記憶。

第六章探討的就是好幾種類型的偏頗。例如，「一貫性偏頗」會令人重寫過去的感受與信念，好符合目前的感受與信念。但由「自我中心偏頗」，卻可看到對過去的記憶常有過度自我美化之嫌。至於經由與不同類型的人接觸，依經驗歸納形成的刻板印象，雖能捕捉到群體共通特性，但也可能產生「刻板印象偏頗」，對其中個別成員造成誤判。我們目前對偏頗的形成與大腦系統的關係尚乏瞭解，但由某些左、右腦連結被切斷的患者身上，或許可以找到一些有意義的線索。

第七章談的是最具殺傷力的記憶之罪——糾纏。回想一下你一生中最重大的挫折，無論是學業或事業上的失利，還是愛人移情別戀，雖然你由衷希望自己能忘得乾乾淨淨，但相信你在事情發生後的幾天或幾星期，都還會不時回想起來。記憶反覆重現會在憂鬱與追悔的情緒氛圍中茁壯，對心理健康的潛在危害至爲深遠，由我們所舉出的一個實例即可看出。爲理解糾纏不去的根源何在，我會引用一些實驗資料加以說明。

記憶糾纏的威力在創傷經驗——戰爭、天災、嚴重意外、童年受虐——最爲強大。幾乎所有受害人在創傷剛發生後，都難免有揮之不去的回憶，但只有少數人會長期陷溺於其中，我們對箇中原由會加以探索。創傷經驗有時令人難以承受，因此避免回想是相當自然的反應。不過說也矛盾，這種逃避心態可能在長期內造成反效果，使創傷的記憶更是根深柢固。近年來腦部構造與病理學的研究，爲反覆再現的創傷記憶提供了重要的資訊，也建議了一些減輕症狀的新方法。

在看完這七章以後，你很可能會得到一個結論：人類演化上出了瑕疵，使我們的記憶系統極端缺乏效率，容易犯下危及自身福祉的錯誤。在第八章中，我特別針對這種結論提出辯解。我指出，記憶具有長期演化而來的適應特性，而七罪是這些特性的副產品。舉例而言，我們的記憶系統會將牢記威脅生存的事項列爲高度優先，這項特性大部分時候對我們有利，但偶爾會以糾纏不清作爲代價。我也將引用近年演化生物學與演化心理學的發現，以更寬廣的角度來談這類問題，使大家對七罪的根源能有更深入的瞭解。

一開始提到的川端康成的小說中，那位牢記一段虛構戀情的女人思索著記憶的恩賜。她詢問困惑的小說家：「記憶真是值得我們感謝，你說是不是？」對於引導她不知不覺地走上妄想之途的記憶系統，她卻發出如此高度的頌讚：「無論一個人最後落到什麼樣的處境，還是能記得過去的事——我想這一定是神祇賜予我們的祝福。」本書所循的途徑與此有些雷同：我們得先將自己浸入記憶的黑暗面，才能充分理解這「神祇賜予的祝福」。

第一罪　健忘

一九九五年十月三日，堪稱美國近年來最聳動的刑案告一段落，陪審團宣判被控謀殺罪的辛普森（O. J. Simpson）無罪。這項判決結果很快地傳揚開來，有人憤憤不平，也有人歡呼慶賀。接下來的好一段時間內，大家討論的話題總離不開這項判決結果。由於辛普森殺妻案喧騰一時，照理說大多數人對自己在什麼地點聽到判決結果，以及當時的反應如何，應當會記憶深刻。

還記得當時是如何得知辛普森被判無罪的嗎？很可能你早已不記得，要不然也會錯誤百出。某項研究報告以一群加州的大學生作爲對象，於辛普森案宣判的幾天之後，詳細詢問他們如何得知判決結果。十五個月後，研究者再次測試同一批大學生對此事的記憶，結果只有半數人能正確答出自己當時如何得知判決結果。而將近三年後再提出相同問題時，能正確回想起來的不到百分之三十，更有近半數人的回憶出現重大誤差。

這項研究當可用來闡明健忘之罪：記憶的流失將與時俱增。日常生活中經常出現健忘的現象——有時候甚至會帶來難堪的經驗。舉例而言，試想在參加某項年會時，迎面走來一位面帶笑容的陌生人，口中喊著你的名字，表示很高興能再次見面，並伸出手來與你互握。此時你只能報以微笑，一面在腦中努力回想，心中卻忍不住暗暗焦急：他是誰？我怎麼想不起曾經見過此人？此時對方已察覺到你的不安，於是提醒道，就在去年相同的年會中，你們曾一起喝咖啡閒聊，抱怨天氣太壞，你還提到因此而取消了會後的旅遊計畫。如果在閒聊後一個小時或是隔天再次相遇，你一定能夠認出他。但是事隔一年，你再怎麼努力也想不起此人，正如《弓浦》中的小說家，根本記不起那位自稱曾接受過他求婚的女士。於是你只好喃喃寒暄：「我好像記得……」腦子裡卻認為自己與他壓根兒就素昧平生。

有時候健忘也會讓我們窘態畢露。有一位女性友人參加朋友的婚禮，當時她並不認識那位新郎倌。幾個月後，她又參加那位朋友的五十歲生日宴，並且注意到角落旁有張陌生的臉孔，爲了謹愼起見，她向朋友請教此人的身份——卻發覺他竟然是朋友的先生。這位友人說，一想到此事，就恨不得找個地洞鑽進去。

記憶七罪中，健忘可算得上是最常見的一種，它總是默默地一再出現。生活上層出不窮的新鮮事物，很容易讓人把往事忘得一乾二淨。有鑑於此，心理學家與神經學家已找出了健忘的原因，並且設法找出克制之道。

記憶褪色之後

一八七〇年代晚期，德國心理學家艾賓豪斯（Hermann Ebbinghaus）旅遊歐洲各國時，在巴黎的一家二手書店中偶然間翻閱到一本德國偉大的心理學家費克那（Gustav Fechner）的著作，其中提到研究感官知覺的實驗方法。艾賓豪斯由此靈光一現，想到記憶和感官知覺一樣，也可以用科學實驗的方法來加以研究。他於一八七八年開始進行首次學術研究，耗時七年才發表了研究結果，而這篇於一八八五年發表的論文，可以說爲此一領域的心理學界在往後數十年的研究中指引了方向。

艾賓豪斯爲取得與健忘相關的首批實驗證據，決定以自己爲實驗對象。他努力記住好幾千個無意義的字串（心理學家稱之爲「無聊字句」），並且在學習後的一小時到一個月之間，對自己進行六次測試。艾賓豪斯注意到，最初的幾次測試中，對字串的記憶大幅減弱；九個小時之後，他已忘記了百分之六十左右的內容。接下來，遺忘的速度漸趨和緩。一個月之後，他遺忘的字串約占百分之七十五——和剛學習完之後九小時相比，並未惡化太多。

艾賓豪斯的測試只限於實驗室中一些毫無意義的字串，並未涉及豐富多變的生活經驗，但這項一百多年前的實驗結果仍具有共通性的意義，其後無數的實驗都支持他的結論。現代研究記憶的許多專家將測試擴展到實驗室之外，使艾賓豪斯的遺忘曲線論發揚光大，也證明這項論點的確構成健忘研究的核心理論。

一九九〇年代初期，堪薩斯州立大學的心理學家湯普生（Charles Thompson）和研究團隊以一群大學生爲對象，要求他們持續一整個學期每天寫日誌，記錄當天發生的一項特殊事件。結果這些大學生對日常生活中特殊事件的遺忘速度，並不像艾賓豪斯的實驗那麼迅速，不過遺忘曲線的形狀卻大致與其餘學者所做的實驗結果相符。這些大學生所記錄並記憶的每日一事，在特殊與否的程度上頗有差異。少數事件對個人而言意義不凡

（我和男友傑克於今日分手），然而大多數都是一般平凡的小事（到吉米家一起看錄影帶、從晚上八點一直到凌晨三點四十五分；馬克和我想烤個焦糖玉米蛋糕，卻發覺蘇打粉用完了）。

另一項實驗顯示，日常生活中具有特別意義的事件，同樣適用艾賓豪斯遺忘曲線。這項實驗是以五百多名大學生爲對象，在感恩節過後的六個月期間內，每間隔一段時期就請他們回憶感恩節晚餐的一般狀況以及相關細節。結果前三個月中，回憶正確的比率大幅滑落，不過到後三個月，健忘曲線的坡度逐漸減緩，艾賓豪斯曲線再次浮現。

這項實驗和湯普生的日誌實驗相比，曲線滑落的幅度比較和緩。箇中的差異，也許是因爲我們透過年復一年的經驗，對感恩節大餐已經累積了一般性知識，於是比較容易「記得」最近一次大餐的場景。雖然對今年火雞的一些相關細節已記不清楚，但一定不會忘記吃到了火雞；我們也很容易推斷，當晚會有家族成員一起參加。這一類對感恩節情況的一般性知識，並不會在短短幾個月當中消失。然而若問到感恩節大餐的其他特定細節——例如自己和別人當晚的打扮，或是談話內容——記憶消失的速度就比較迅速。

對於工作內容所做的記憶測試，結果也十分類似。請試著詳細回答以下三個問題：

在一天的工作當中你通常做些什麼事?昨天你做了哪些事?而上星期的同一天你又做了哪些事?從某家製造廠的十二名工程部員工回答以上問題的答案看來,他們對昨天與一星期前的工作記憶,差別不可謂不大。這些員工對一星期之前的工作記憶較爲模糊,即使記得,內容也往往屬於「例行公事」之類。不屬於例行公事的活動,時間隔得愈久就愈記不起來。一般而言,對前一天的記憶通常會有如記錄特殊事件般鉅細靡遺,而一星期後卻通常只能回憶起每日都會做的例行公事。湯普生讓學生記載的日誌也顯示相同的模式:事件發生的地點、時間以及參與人員等等細節,總是比對事件本身的一般印象更容易讓人遺忘。其他許多實驗室研究也都證實,健忘的現象通常容易發生在事件相關的時間、地點以及誰說過什麼話等等細節上。

遺忘曲線顯示,事件發生後的短期之內——幾分鐘、幾小時、幾天,甚且更長一些——記憶即便不能如實重現,也還保存得相當完整。然而隨著時光流逝,腦海中對某一事件的記憶會逐漸褪色,而且受到類似事件重覆發生的干擾,以致使特殊印象日益模糊。於是我們只能靠追憶事件的梗概或借助常理來推斷當時大概發生了甚麼情況,以推測甚至於想像來重組事件的相關細節。正由於我們一再放棄對往事進行重現與明確的回憶,卻轉向重建與一般性的描述，因此累積出健忘的因子。

如果想憑藉一般性知識來重建往事，很可能會犯下偏見之罪，也就是讓目前腦海中的知識與信念滲入對過往的回憶之中（參閱第六章）。這種健忘與偏見的組合可能會讓我們遇上麻煩。我曾聽過一個實例，某大公司的一名顧問向重要客戶進行簡報，在場的還有該公司的執行長以及幾位海外的投資者。演說中爲了類比客戶的情況，他舉出一家大型速食連鎖店提高價格的作法爲例。他記得這是一兩年前發生的事，但卻未在記憶中重現明確的細節，反而不知不覺根據腦中現有的知識重建出種種情節。事實上，這家速食店根本不曾提高價格。恰好客戶公司的一位經理曾經任職於這家速食連鎖店，對他的錯誤當然心知肚明，所以一等到這個故事講述完畢，這位經理就迫不及待地對身旁的同事說：「他簡直是不知所云。這家快餐店從沒有調漲過價格。」雖然是耳語，聲音卻足卻以讓半個房間的人都聽得清楚，當場讓這位犯了健忘之罪的當事人尷尬萬分。

撒謊或健忘

在另一件廣爲人知的事件中，健忘製造了不少麻煩，可見就算是傑出的俊彥之士也擺脫不了善忘的毛病，那就是一九九八年大陪審團審理柯林頓總統一案。

一九九八年八月十七日下午，調查與彈劾柯林頓總統一案出現轉折。柯林頓由獨立檢察官史塔（Kenneth Starr）傳喚，在大陪審團前回答和魯文斯基（Monica Lewinsky）交往的細節，以及一九九八年一月在寶拉・瓊斯（Paula Jones）案中的相關證詞。當天柯林頓與檢察官唇槍舌劍辯論「性關係」一詞的定義，必然讓許多人印象深刻。

不過對研究記憶的專家而言，當天第二場的爭辯反而更具吸引力，因為那不啻是一場對健忘程度與特性的攻防戰。柯林頓對自己記憶力的一些說詞，或許出於自我保護的理由，同時也是檢察官亟欲釐清的問題。

檢方質疑，同年一月寶拉・瓊絲案中，柯林頓聲稱自己記不得一件發生在三週半前的晤談，這種情況實在太不合理。

柯林頓辯稱，自己的記憶大不如前，他也對近日來健忘的現象提出解釋：

「……說到我的記憶，最值得一提的是我一向擁有過人的記憶力，也因此受惠良多。然而近六年來，我時常忘東忘西，讓自己與親朋好友都嚇了一跳——我想這是因為總統生涯中壓力過大，步調緊湊，而且有太多要處理的事，更何況還有你們對我長達四年的審訊壓力，以及層出不窮的狀況。其實我自己也很驚訝——很多時候我連上週發生的事也想不起來。」

在檢方鍥而不捨的追問下，柯林頓勉強承認：「很可能我的記憶受到混淆。」而且再次強調：「我只能告訴你，我沒有辦法記住這件事情的每一項細節。」

可能會有人認爲檢方太咄咄逼人，不過對於柯林頓自稱遺忘的另一些事情，因爲看來比較合理，所以檢方並未再提出質疑。例如，柯林頓曾被問及七個月前和助理波代斯塔（John Podesta）會面的情形，他也再度以對細節記憶不清爲說詞：

柯林頓：我不記得你所詢問的這項會面，也不記得你所提到的那些談話內容。

檢方：你不記得……

柯林頓：七個月前的事，我不可能還記得，不可能。

對此檢方並未多做質疑，不像他對柯林頓忘記三週前的事那麼窮追猛打。很顯然，檢方能夠容忍七個月後記憶模糊，卻認爲忘記三週前的晤談內容不甚合理。問題的關鍵回到遺忘曲線上：事情發生後的不同期間內，到底該如何定義合理的遺忘程度？不論柯林頓在接受審訊時對細節含糊帶過是否意圖保護自己，這種健忘的模式卻頗符合實驗與自然的研究結果。然而，檢方懷疑柯林頓是否真的忘記三週前的晤談內容，也並不難令人理解。

看來柯林頓倒是充份理解一般和特定性質的回憶之間會有差異，並能靈活運用。在回憶一九九六年初與魯文斯基的幾次會面時，他承認兩人大約見過五次面，不過印象較深的只有兩次。柯林頓的證詞可以明顯區分出特殊印象與較爲一般性記憶的差別：

「我記得很清楚——有兩次印象特別深刻。我不記得正確的時間，不過知道都是星期天下午，她帶一些文件過來，並且留下陪我，沒有別人在場。而且我十分確定——雖然沒有特別的印象，不過卻不會弄錯——我們還另外見過幾次面，不記得是兩次還是三次。但是我想不起見面的時間、地點以及發生了什麼事。我只大致記得，一九九六年一月到四月她工作的這段期間，我和她會面了不只兩次。」

柯林頓是否曾爲了避免當眾出醜而扭曲證詞？可能如此。然而就自然或實驗資料而言，他的說詞的確反映記憶會隨著時間褪色的事實。

嬰兒潮世代的悲歌

五十多歲的同輩人中，柯林頓並非唯一對自己記憶力有微辭的人。爲數眾多且已開始邁入中年的嬰兒潮世代，抱怨自己健忘的人愈來愈多。這樣的疑慮並非空穴來風，因爲許多實驗都證明，和大學生比起來，年紀大的人（主要是六、七十歲，也有少數五十多歲）要記住實驗中讓他們學習的資料，可說是困難得多。就算年紀大的人在剛學習完幾分鐘之內，還能和年輕人一較短長，在幾天或是幾個星期之後，遺忘的速度卻比年輕人要快得多。尤其是涉及某一經驗中的特定細節，例如事情發生的確切時間與地點等等，更容易顯現老年人的記憶衰退現象。老年人通常對細節不復記憶，只能概略記得某件事曾經發生過。

從什麼年齡開始會感受到記憶力衰退？對數以百萬計邁入四、五十歲的嬰兒潮世代而言，這個問題相當重要（這點對檢驗柯林頓的證詞也相當重要，因爲一九九八年八月時，他的年齡是五十二歲）。以往大部分探討記憶退化的實驗是以老人與大學生作爲對照和比較，所以我們對中年人的記憶狀況比較不瞭解。近年來有一項實驗，在一九七八年讓一些三十、四十、五十、六十甚至七十多歲的人接受記憶力測驗，而到了一九九四年，針對同樣的對象再進行一次測試。其中第一次測驗時年齡爲五十歲以上的人，到第二次測試時，不論在記憶字彙或是故事情節方面，都有退步的情形。原先三十多歲的人，在第二次測驗時，只有在故事的記憶上退步。另外據一九七八年的實驗結果，無論是字彙或是故事情節的記憶，五十多歲的人都比不上三十多歲的人。由此可見，對於故事情節的記憶，最遲從四十出頭到四十五歲就開始衰退，而對字彙方面的記憶減退則是到五十歲以後才逐漸明顯。可喜的是，兩方面的衰退幅度都不是很大，通常與年輕人相比只有百分之十到十五的差別。

到了六、七十歲之後，健忘的現象不但更爲明顯，也愈見頻繁。不過就算在較年長的幾組中，健忘的程度並非和年齡有絕對關係。舉例而言，有一項研究證明，仍有少數七十多歲的老年人（約佔百分之二十），對剛學習過的字串，記憶力和大學生不相上下。

爲什麼有些老人家的記憶衰退許多，有些人卻並不明顯？好幾項研究報告都指出，教育程度可能扮演著重要角色。舉例而言，最近荷蘭有一項研究，對六十五到六十九歲、七十到七十四歲、七十五到七十九歲、八十到八十五歲的年長者做字串記憶測驗，分別在學習後立刻測試與三十分鐘後再度測試。結果發現教育程度較低者遺忘速度比較快，而且比較早出現記憶衰退的現象。以六十五到六十九歲的受測者而言，不論學歷高低，三十分鐘後都可記住百分之六十五；而八十到八十五歲組中，學歷較高者能記得百分之六十，學歷低者卻只有百分之五十。

這樣的實驗結果或許可以反映：教育程度低的人較容易患老人癡呆症（Alzheimer's disease）或其他心智方面的問題，可能是因爲他們比較缺乏「智能儲存」可供運用之故。長久以來，科學家們已經可以區分因年齡增長而自然產生的健忘，以及因爲腦部病變而造成的記憶力大幅滑落。老人癡呆症患者的腦部變形，是受到老年斑（senile plaques）這種類澱粉質（amyloid）的蛋白質沈澱物的影響，加上神經纖維纏結，使神經細胞無法正常運作。實驗證明，和正常的老年人比起來，老人癡呆症患者對最近發生的事幾乎記不住。

神經學家布希克（Herman Buschke）和他的研究團隊做過一連串重要的文字記憶實驗，證明正常人因年老而發生的記憶退化與老人癡呆症所導致的健忘，兩者是可以區分的。最簡單的一項測試，是在紙上寫下分屬不同種類的四個字，當實驗主試者說出一個種類（如蔬菜），受測者就指出紙上相對應的字（如馬鈴薯）。這種程序是為了讓受測者印象深刻，而且確定他們瞭解這個字的意思。幾分鐘後，由受測者自行想出這些字，如果想不出來，再由主持實驗者告知這些字所屬的種類作為提示。如果提示之後仍然無法喚起受測者對相關字彙的記憶，就表示這一部分記憶可能在短時間內即已消失。這一類測試中表現特別差的人，幾乎清一色是老人癡呆症或其他癡呆症患者。這類測試之所以具有鑑別力，乃是因為老人癡呆症患者的健忘程度遠超過因年事漸長而產生的記憶衰退現象。

從事記憶研究的心理學家與神經學家一致認為，健忘的現象的確十分普遍，也會因老化而更為嚴重。然而長久以來，這些專家一直被一個看似簡單卻令人抓狂的難題所困擾，那就是：為什麼會發生健忘的情形？

見證記憶的誕生

人類的大腦堪稱宇宙中最複雜的構造，其中有數千億以上的神經細胞或神經元，而連接這些細胞的突觸或網絡更是多不勝數。神經科學專家經常以老鼠、兔子、猴子、鳥類，甚至海參來研究記憶，他們用儀器直接記錄這些動物神經元所產生的電子與化學反應，或是小心地切除腦的一小部分以觀察變化。這種能恣意探測鑽研腦部的實驗，總是讓我們心理學家羨慕不已。我們既沒有神經學家精確探測腦部的技術，道德上也絕不允許因實驗而傷及人腦。看起來科學之神似乎僅容許神經科學家進入腦的聖殿，而心理學家卻只能在外遙望。

心理學專家若想略窺聖殿內部堂奧，大都只能借助自然之力所賜與的實驗機會：一些因腦內特定部位受損而產生健忘現象的案例。最有名的個案是一位簡稱為HM的年輕男性，他在一九五三年因飽受癲癇之苦而接受腦部手術。神經學專家司考維爾（William Beecher Scoville）將他大腦兩側顳葉深層部分切除（參考下頁圖1.1及圖1.2）。手術後HM看起來和一般人沒有兩樣，可以感受五花八門的世界，如常地與人聊天，智力測驗結果也和手術前相當。然而還是有一項嚴重的後遺症：HM似乎會立刻忘了剛剛經歷過的事。他不記得自己剛說過的話，認不出每天為他治療的醫生，餐桌上的碗盤才收拾完畢，就忘了自己吃過飯。這種反常的健忘現象困擾了HM五十多年，在他生前一直未見好轉。

HM的案例顯示，顳葉與健忘症有一定程度的關連。正因為他的健忘現象十分明確，所以當個案一被公開之後，研究記憶的學者對HM在手術中被切除的腦部構造——包括馬蹄鐵狀的海馬體（hippocampus）以及其後方的副海馬腦回（parahippocampal gyrus）——十分感興趣。這些正是老人癡呆症患者最早受到侵襲與受損嚴重的部位，因此也就可以解釋他們爲何很難記起剛發生過的事。

近年來科學之神似乎對心理學家仁慈了些。過去十年間，嶄新的神經造影器材讓我們能探索大腦在學習與記憶時產生的變化。其中最令研究者稱道的儀器，莫過於可偵測腦部血液供給量變化的「功能性核磁共振造影」（functional magnetic reso-

圖 1.1

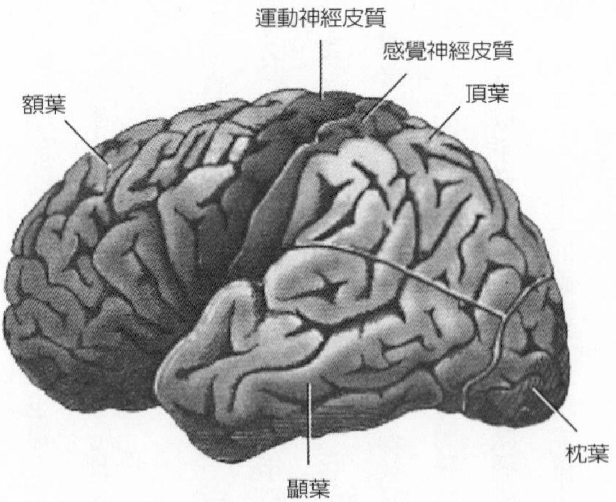

圖 1.2

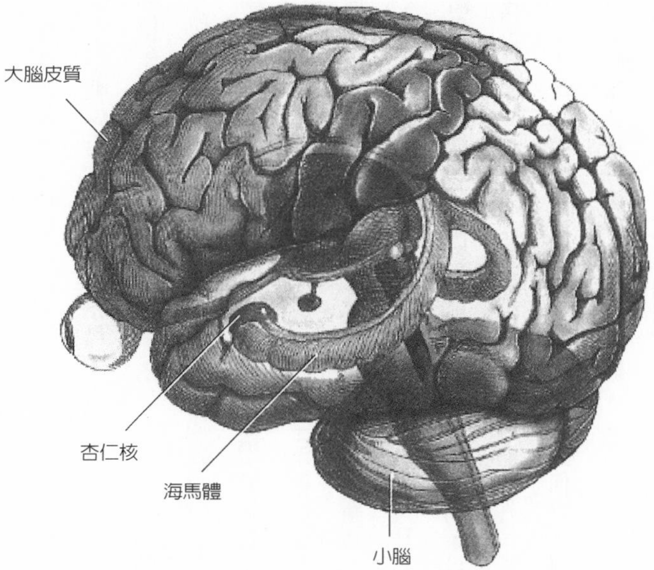

雖然腦部幾個區域與記憶七罪間並沒有簡單的一對一關係，但某些區域與特定的記憶之罪特別密切相關。為瞭解這些區域的位置所在，要先知道左、右大腦都可分為四個主要部分：額葉、頂葉、枕葉、顳葉。圖 1.1 是由左腦上方看到的大腦表層，圖 1.2 則穿透表層，顯示一些大腦內部的構造。

海馬體及附近的顳葉內部結構與健忘之間關係密切。額葉的一部分也在健忘中扮演一角，不過和失神以及錯認的關係更為密切，和暗示也可能相關。靠近顳葉前方的區域似乎與空白有關。杏仁核則與糾纏有關。至於和偏頗有關的腦部區域為何，目前所知有限，不過左腦的某些區域應扮演重要角色。有關腦部功能與各項記憶之罪的關係，我將會在以後七章中進一步說明。

nance imaging），簡稱爲ｆＭＲＩ。腦部某一部位活動增加時，需要更多的血液供給，而血流增加時，氧化的血紅素相對於未氧化的血紅素，會暫時出現供給過多的情形，使ｆＭＲＩ訊號放大。運用這項指標，研究者可以判斷進行學習認知活動時，究竟腦內有哪些部位參與其中。

使用ｆＭＲＩ讓我們能夠精確找出血流量發生變化的部位，誤差以毫米計。正如天文學家以望遠鏡眺望宇宙，生物學家以顯微鏡觀察生物細胞，ｆＭＲＩ以及另一項神經造影技術「正子放射斷層造影」（positron emission tomography，簡稱ＰＥＴ掃描）也替心理學家與神經學家開啓了研究人類腦部的新頁。

當研究記憶的學者剛開始運用ｆＭＲＩ與ＰＥＴ掃描時，對於能親眼見證顳葉在腦部活動的變化都十分興奮，畢竟由ＨＭ的案例，可以顯示此處正是解開健忘之謎的關鍵所在。然而除了早期一些報告令人頗爲期待外，其後卻是一連串失敗的實驗。

一九九七年底，我的研究團隊提出如何以ｆＭＲＩ來偵測記憶活動的新方法。設想一下：如果在你學習一長串字彙時，讓我同步偵測你腦內的活動狀況，那麼我是否能預測稍後你會記得或忘記哪幾個字？也就是說，科學家是否能經由測量大腦在記憶事物時的瞬間活動，而預測到這段記憶在日後的保存狀況？如果這種想法可行，偵測點該設在何處？早期受限於技術，fMRI與PET還無法處理這個問題。不過到了一九九七年，fMRI的功能已經進步到原則上可以讓我們的構想付諸實行。

我們在麻州總醫院（Massachusetts General Hospital）造影中心的研究團隊，由兩位年輕新秀瓦格納（Anthony Wagner）與布克納（Randy Buckner）領軍，共同從事fMRI相關的實驗。fMRI掃描絕對不是什麼舒服的經驗：首先受測者必須面朝上平躺，由技師緩緩推入一個狹窄的空間，在此靜躺不動一到兩個小時（移動會破壞fMRI記錄訊號），同時還得按照主持實驗者的指示做出反應。由於在整個過程中都運用到強烈的磁場以偵測腦部活動，所以掃描器會持續發出刺耳聲響。

受測者就這樣一動也不動地躺在噪音充斥的窄小空間裡，一面還得由反射的電腦螢幕上閱讀每隔幾秒鐘閃過眼前的幾百個字彙。為了確認受測者注意力集中在這些文字上，我們還請受測者判斷每個字是抽象的，如「思想」，或是具象的，例如「花園」等等。在接受掃描二十分鐘後，我們在原先的字串中加入同等數量的其他字彙，讓受測者指出哪些是原先看過的。由以前的實驗結果推斷，一般人總會忘記一部分。問題是，從fM

RI顯示的訊號中，我們能否預知受測者會遺忘哪些字？

我們的確能做到。只要受測者在判斷某個字是抽象／具像時，腦部的兩個區域活動增加，那麼他稍後就會記得這個字。講得精確一些，其中一個部位就在顳葉內部：亦即左腦的副海馬腦回，也是HM個案中被切除的一部分。

另外一個能判斷記憶結果的區域，是位於額葉的左下部位。這項發現並不特別令人訝異，因爲依據神經學家之前的研究，當我們把吸收的新資訊與舊有經驗產生連結時，大腦這一區域的活動會特別明顯。認知心理學家很早就發現，資訊能否留存在腦海中，與接收或「收錄」（encoding）時的情況有關：收錄時愈能用心推敲（elaboration），日後往往愈不容易忘記。舉例而言，如果有一串名詞要你記憶，包括 lion、CAR、table 以及 TREE 等等。其中半數字彙出現時，會請你附帶判斷它是生物或無生物，而另一半字彙出現時，則請你附帶判別它是大寫或小寫字體。等稍後接受記憶測試時，你比較不會忘記的部分，應該是請你判斷生物／無生物的那些字。因爲你在做這項判斷時，必須把這些字與你原有的知識連結起來，而大寫／小寫的判別則與原有知識無關。許多其他的實驗也證明，在吸收新知時如果能借助一些故事情節或詞句，與原本已熟悉的事物串連起來，的確能幫助日後的記憶。

我們認爲fMRI實驗結果，多少也反映與此類似的情形。當額葉左側活動劇烈時，表示此時看到的字彙與腦中原有資訊的連結比較成功。至於大腦左側的副海馬腦回則能協助「儲存」這些整理後的記憶。在這兩部分合作之下，接收的字彙即可轉化爲持久的記憶。

在我們從事fMRI研究時，史丹佛大學也完成了一項相關的研究。他們是讓受測者在接受掃描時，記認一些日常生活圖像（而非文字），數分鐘後再進行記憶測試。他們的結果與我們極爲類似，只不過是由右腦扮演要角。受測者稍後是否能記得這些圖片，關鍵在於右額葉的較低區域以及大腦左右兩側副海馬腦回的活動狀況。這個發現十分合理，因爲圖像收錄主要由右腦負責，而文字處理則以左腦爲主。

這兩項研究成果令人感到興奮的原因，部分是因爲神奇如科幻小說般的情景：看著儀器上顯示受測者腦部的活動情況，便可預言他稍後是否能記得這些東西。除了過一下當科學預言大師的癮之外，這些實驗還可借助記憶形成瞬間腦內的收錄運作，深入探究健忘的根源所在。在短暫而關鍵的時刻中，大腦額葉與副海馬腦回的活躍程度，多少可以決定某一項新的經驗是否能永誌不忘，或是會如同艾賓豪斯曲線般隨著時光而逐漸淡出腦海。

接收訊息的第一秒

一九五〇年代末期，兩篇心理學期刊上的論文讓當時少數幾位專攻記憶研究的學者震驚不已。他們原已習於艾賓豪斯曲線的傳統，以小時、日甚至星期作爲記憶曲線的時間單位，但這些新的學術論文卻顯示，受測者學習三個無意義音節之後，只要不到二十秒就可能忘得一乾二淨。這是以前從來沒有人觸及過的課題。

要瞭解這個不合常理的現象，就需探究記憶形成時所發生的重要轉換，也就是從臨時或短暫的記憶轉爲更持久的記憶。長期記憶能保留幾天、幾週甚至好幾年，主要可分爲兩種型態：情節記憶（episodic memory）協助存放時地各異的個人特殊經驗，如上個星期參加的驚喜生日派對，或是孩提時第一次造訪紐約觀賞的百老匯歌舞劇；語意記憶（semantic memory）協助一般性的常識或事實的檢索（retrieval），如美國獨立宣言的重要起草人爲亞當斯和傑佛遜，或是洋基球場是由球王魯斯的三分全壘打正式啓用。

然而還有第三種記憶型態，介於接收新資訊的剎那與轉換爲長期記憶之間，可稱之爲「工作記憶」（working memory）。當我們從事不間斷的認知活動如閱讀、傾聽、解決問題、理解或思考時，工作記憶足供少量資訊短時間存放——通常爲幾秒鐘。以現在閱讀這本書來說，你就需要工作記憶來協助瞭解我所寫下的每一句話。如果在閱讀一句話的時候，看到後面就已忘了前面，根本不可能瞭解整句話的意義。舉以下兩個句子爲例：

The long and demanding course was so difficult that he never shot below 90.（這個洞距長而難度高的球場實在太難對付，他的成績從未能好過九十桿。）

The long and demanding course was so difficult that he never passed an exam.（這門課時間長、要求又多，實在太困難了，他沒有一次考試能及格。）

除非看完整句，否則你無法辨別「course」這個字是指高爾夫球場或是學校課程。工作記憶能夠讓你連貫起整句的意思，但它必須不斷棄置眼下已經用不著的東西，好用以暫存源源進入腦中的新資訊。除非特別下過一番工夫——例如反覆記誦——否則資訊在這個系統中幾乎是隨進隨出。

一九五〇年代末期證明記憶會快速消失的研究，利用的正是工作記憶的這種特性。實驗時受測者讀完一個無意義的音節後，立刻被要求從一百開始每隔三個數字倒數回去。如此一來，受測者沒有機會立即記誦，對音節的記憶快速消失，由此也可證實，工作記憶僅能短暫儲存資訊。

我們或多或少也都有過這種經驗。在美國，向查號台問完電話號碼後，你可以選擇多付點錢自動撥接這個號碼。不過如果你停下來思考到底要不要花這個錢，就會忘記剛才問到的那個號碼，因爲你還來不及先默唸幾遍，就立即被別的事情打斷。也許電話公司對這種現象知之甚詳，所以報完號碼後立刻讓你做選擇，當你發覺自己根本已經忘了號碼時，只好乖乖多付點錢讓電話公司代撥，而不想再重新問一次號碼。在閒話家常時，我們也經常飽受健忘之苦。有時朋友的談話讓你聯想到一件重要的事情要說，可是他突然話鋒一轉，談起另一位朋友的八卦，結果等輪到你開口時，卻怎麼也想不起剛才要提的是什麼。此時你得費心回溯自己的思路，才能喚回剛才想說的那一件事。

語音迴路

造成短時間內遺忘的原兇，是工作記憶系統中所謂的「語音迴路」(phonological loop)的部分，最早由英國心理學家貝德里（Alan Baddeley）提出。語音迴路能暫時儲存小量的語文相關訊息，作爲輔助工作記憶「中央執行」主系統的次系統。工作系統忙著指揮安排資訊進出長期記憶，然而資訊源源不斷湧入，讓執行系統經常需要援手，於是語音迴路爲字彙、數字和其他片段語句提供額外的暫存之所。

研究一些腦部受損病患的情況，能證明這項輔助次系統確實存在。這些患者的病癥與ＨＭ恰巧相反。ＨＭ無法將日常生活經驗儲存至長期記憶，卻能和正常人一樣，正確覆誦剛剛看過的六、七個數字。一九七〇年代初期，神經學專家謝利斯（Tim Shallice）和渥令頓（Elizabeth Warrington）所研究的一位病患ＫＦ，引起大家廣泛的興趣。ＫＦ記得日常生活經驗，卻無法記住剛看過的一個數字！他與許多類似的病患一樣，因中風而使得左腦表面的頂葉後端受到破壞，而顳葉內部（ＨＭ切除的部位）則安然無恙。

ＨＭ和ＫＦ完全相反的表現，證明語音迴路是獨立於長期記憶區而運作。不過這個結果也讓人對語音迴路的功能產生疑問：如果在語音迴路失靈的情況下，新資訊依然能儲存到長久記憶，那麼還要這個迴路做什麼？這個系統的演化方向，應該不僅是爲了讓我們臨時記住電話號碼而已。在一九八〇年代之前，語音迴路因作用不明，使它得到「認知臉孔上的一顆小痘」這個嘲諷的封號。

如今我們已瞭解，若是語音迴路遭到破壞，瞬間遺忘會帶來明顯甚至嚴重的後果。最初也是由研究一位腦部受創者，開啓了對這方面的瞭解。這位患者的母語是義大利文，她能正常記住義大利文的詞彙用語，然而當義大利字彙與外國語文如俄文詞彙配對成詞組時，她卻連義大利文都記不住。其後的一些研究也得到類似結果：語音迴路受創的患者，幾乎不可能學習外國語文。

由此可見語音迴路是學習新詞彙的把關者，因爲它協助我們整合新詞彙的發音。當迴路無法正常運作時，我們就沒有機會把剛接收詞彙的語音暫時留住，而後再轉往長期記憶當中。除了腦部受損的成年人之外，這類暫留記憶失靈的狀況也可沿用在別的研究上。以幼童學習無意義詞彙發音的結果優劣，可觀察出他們語音迴路功能的靈敏程度。在這項實驗中表現較佳的兒童，學習新詞彙的能力也比較優異。貝德里和心理學家蓋瑟柯里（Susan Gathercole）也發現，有語文學習障礙的兒童，多半語音迴路測試的成績很糟。反過來說，也有一些研究證實，具備語言學習天賦者——精通多國語言的人——在語音迴路測試中表現極爲出色。由此可見，語音迴路絕非像一顆小痘般無關痛癢，而是攸關人類最重要的能力之一：學習新語言。

以fMRI與PET掃描從事的神經造影研究，逐步揭發了與健忘相關的神經次系統。舉例而言，神經造影研究判定語音迴路的儲存部位在在頂葉後側——這項發現十分重要，因爲如前所述，我們已知這一部分腦子受損的患者深受快速遺忘之苦。另一個語音迴路相關區域是左前額葉皮質下方，這個部位可短暫儲存當下反覆記誦的資訊，而且鄰近稍早提及負責將新資訊與舊有經驗產生連結的區域。在學習語文時，此一區域顯然扮演著重要角色。我們提過，正常人也會遇到快速遺忘的困擾——忘記剛才想說的話，或是幾秒鐘前剛聽到的電話號碼——可能就是因爲未能有效使用左腦額葉皮質，以致資訊自工作記憶中遺失，無法經過收錄過程轉換到長期記憶。腦部正常的人只要反覆溫習新知以刺激左腦額葉皮質，即可避免隨記隨忘的困擾。然而KF這類腦部受損的患者，卻註定得永久承受這種痛苦。

最初幾秒鐘之後

除了工作記憶和收錄過程外，還有其他關鍵因素造成健忘現象。記憶誕生之後的幾秒鐘內發生的狀況，也同樣會決定它在腦中僅能短暫停留或可以保存經年。

人類一向都愛編織故事情節，也喜歡述說自己的經歷。回想與敍述往日經驗，不但能讓我們重新整理過去，還能加強記憶。常被討論的事件或是生活插曲，往往比較不會被遺忘；而較少被想起或談到的經歷很快便會從記憶中褪色。當然，被一再回味並且重覆討論的經驗，通常會形成難以磨滅的記憶。一九八九年舊金山灣區地震發生後，身歷其境的人在驚魂甫定之餘都很想說出自己的恐怖經驗，因此大家一再聽到一些「地震時我正在做什麼」之類的談論。不久，市面上出現了一款紀念T恤，提醒人們別重覆訴說與地震有關的經驗。

前面曾提過湯普生所做的大學生日誌記錄研究，他發現學生對最常討論的熱門話題，連細節都可以記得一清二楚。許多實驗結果證明，透過回想或討論，能明顯增強對相關經驗的記憶。這項發現點出了日常生活中對抗健忘的良方：經常回想與討論你想記住的事。

記憶的久暫，與印象收錄之後所發生的狀況也有關聯。前文曾經提過，有項實驗是測試對日常工作內容的記憶。通常大家對前一天的工作內容都記得很清楚，但對一星期前的工作，就大概只能記得每日的例行公式而已。不過假設有人星期一下班之後就去度假一個禮拜，等再回到工作崗位上時，他對度假前那個星期一的工作內容，會記得比那些一直未離開工作崗位的人清晰得多。重覆相似的經驗，會干擾我們對事情的記憶。那些沒有遠離工作去度假的人，在星期二到星期五的日子中不斷處理與星期一類似的工作，以致對記憶形成嚴重干擾。而那些去度假的人經歷的是完全不同的經驗，自然比較不會干擾對工作的記憶。

不過因時日久遠而產生的遺忘，就不見得是因爲受到干擾而形成：即使不曾發生過導致混淆的經驗，記憶仍然可能在多年後消失。舉例而言，心理學家巴瑞克（Harry Bahrick）曾經以高中或大學時代學過西班牙語的人爲對象，看他們經過時間考驗後還能記住多少。測試的時間點從剛剛學完到五十年之後不等。這項報告顯示，在修完課程之後的三年中，記憶的字彙會急速流失，超過三年之後，就只會再忘記少量字彙。前幾年中記憶大量流失，有可能是因為資訊自然從腦海中消失之故。

為什麼有些事隔天記憶猶新，一年之後卻想不起來？它們是否已完全由腦海中抹滅？或只是隱藏在腦海深處，有待適當的觸媒——特殊的聲音或是氣味——來喚回？研究記憶的專家對此討論經年，認為上面兩種說法都有幾分道理，至少我個人是如此。神經生物學家對動物進行的實驗顯示，遺忘有時是因為某些資訊真的從腦海中消失不見。根據研究，記憶的收錄是透過神經元間連繫強度的修正，因此每當接收新經驗或新知識時，聯絡神經元的突觸就會產生複雜的化學變化。這種修正經過一段時間之後會逐漸淡化，如此一來，原來由記憶收錄形成的神經連結也會減退，其幅度可能恰與艾賓豪斯曲線形成對映。除非衰退期間能經由回想或檢索來強化連結，否則記憶終將淡化到無法喚回的地步。

不過同時也有許多研究證明，只要能提示某些線索，讓我們回想起收錄時的情景，表面上已失落的記憶，還是有可能被再度喚回。隨著時光流逝與干擾叢生，原本留存於腦海中的資訊終將模糊到一個程度，此時唯有靠著某種強而有力的提醒，才能重拾斷簡殘編般的記憶，避免被健忘徹底擊敗。

心理學家衛格那（Willem Wagenaar）曾以私人日誌探究以上的論點。他持續四年，每天記錄一件當天所發生特殊事件的各項特色：有哪些相關人士、發生了什麼事、發生的時間或地點，以及其他相關細節。四年內他從未回顧自己的記錄，並且等四年實驗完成的第二天，他立即展開測試，並以各種不同提示（包括人、地、時、事）來喚回記憶。

衛格那發覺，接受的提示愈多，愈容易回憶起事件的重要相關細節。然而還是有許多事件，即使用盡一切提示，仍然無法讓他憶起任何蛛絲馬跡。爲了求證這些記憶是否已完全由腦海中消失，衛格那選了十件「沒有任何印象」的事件，找回當時相關人等進行晤談。透過這些人提供的更多細節，終於使他能成功憶起每一件事。

對於歷經數月或數年之後的遺忘現象，衛格那的研究顯示：經過一段時間後記憶雖已模糊不全，卻並未完全消失，總會殘留一些特殊的印象，足以喚回淡忘的往事。似曾相識的感覺、大略記得發生過什麼事或是支離破碎的經驗，都是因健忘而遺留下的痕跡。

健忘改善有技巧

擺脫健忘的噩夢，是每個人的期望。其實是否能牢記不忘新的經驗，取決於我們能否掌握記憶成形時短暫的收錄過程，這也是改善健忘的竅門所在。市面上任何標榜能改善記憶力的產品，都不脫這種理論基礎，因此許多書本與教材都教人如何用心推敲流入腦海的資訊。最常見的技巧是視覺影象記憶術（visual imagery mnemonics）：如果你想牢牢記住某一項資訊，最好下點工夫在腦海中將它轉換成鮮明甚至突兀的畫面。

視覺影象記憶術最早在兩千多年前就由希臘人開始使用，歷來許多傳授記憶術的專家也是靠著這種技巧來表演令人嘖嘖稱奇的記憶力——例如短短幾秒鐘記住電話號碼簿或是上百位人的名字。某些實驗研究也顯示，一般人的確能運用影象記憶術來增強對字彙、名字以及其他種種資訊的記憶。問題是，影象記憶技巧十分複雜，無法信手拈來，往往得費一番心思。最初幾次練習在腦中產生一些新奇有趣的聯想畫面時，你或許還興致勃勃，然而連續一陣子之後，就會感到既麻煩又耗神，於是便難以爲繼。例如在某一項研究中，中年以上的族群在實驗室中時都能運用這項技巧，然而等回到日常生活當中，僅有不到三分之一的人表示會用到它。

某些廣告打得很兇的記憶改善方案，如「魔術記憶（Mega Memory）」，就十分倚賴視覺影象等技巧來改善記憶。「魔術記憶」促銷文宣誇稱，受過這種訓練之後能擁有「照相式記憶」：對別人的名字與臉孔過目不忘，不用靠行事曆提醒就能準時赴約，甚至還能向親朋好友炫耀一下超人的記憶力。另外還有親自參加過的見證人，極力陳述自己的記憶力如何獲得重大的改善等等。

毫無疑問，這些訓練的確對增強記憶有所助益，但前提是要持之以恆，一碰到想記住的事物，就得運用相關的技巧。我懷疑有些人並不瞭解這一點，因爲某次接受電台訪問時，有一位聽眾打電話來詢問，是否參加魔術訓練之後就能過目不忘。她心目中期盼的記憶增強方法，大概就像戴上眼鏡便能改善視力一般——只要眼鏡一戴，景物立刻看得一清二楚。我當時只能對這位聽眾解釋，很可惜改善記憶的技巧並非如眼鏡一般好用，而必須有付出才有收穫，每一張臉孔、名字、事件，都還是要按相關技巧進行收錄。

面對市面上充斥的增強記憶產品，相關的實驗研究極少。不過最近有一項研究，調查中、老年人在使用魔術記憶或是另一種類似的的錄音帶教材後，是否能有效增進記憶。大多數接受訓練的人都聽完了錄音帶的教材，滿意度也很高，自認記憶力改善不少。可惜實際結果顯示，受過訓練的人員和其他人相比，記憶力並無比較優異的表現。因此研究者認爲，這類記憶增強術對於中、老年人的效用，其實已遭嚴重誇大。

任何增強記憶的方法要真能讓人從中獲益，都必須符合簡單好用的原則。綜合許多研究結果，有一種作法應該合乎這項原則：把想記住的資訊與原已熟悉的事物相結合。執行這項工作的簡單竅門，是自問有什麼因素特別吸引你，讓你願意費一番工夫深植於腦海中：剛才我遇到的女子有何與眾不同的特徵？她令我想到什麼熟悉的人？她們之間究竟有何異同之處？

一項有關收錄研究的結果顯示，這類記憶技巧也能造福一個特別的族群：職業演員。一九九〇年代初期，心理學家諾伊斯夫婦（Helga and Tony Noice）研究職業演員如何記住台詞，結果發現他們並不逐字死背台詞，而是鑽研如何由對白之中深入掌握到角色的特性。舉凡角色的文法、發音或其他語言特性，其實都能透露劇中人物的心思、動機或意向。舉例而言，如果某位演員的角色只有一句簡單台詞：「對，是這樣的。」他的詮釋可能是「我的角色不喜多言,只回答該答的話」。而另一位演員遇到「唔……謝謝，謝謝」這句台詞時，則認為其中透露這個角色「想表現冷靜和世故,卻不慎有些結巴」。

最近諾伊斯夫婦又做了一項測試，想瞭解職業演員運用的這類「主動融入」法是否也適用於其他人。他們的一些研究結果顯示，不論是大學生或是中、老年人，在學習運用這項技巧之後，背誦文章的功力都提高了。正如影象記憶術一般，主動融入也需要用點心思，所以關鍵還是在一般人是否能持之以恆地運用。無論如何，這些初步的樂觀結果提醒我們，運用對抗健忘的重要原則——用心推敲的收錄訊息，加上一些輔助工具——至少在實驗室中已經驗證了效果。只不過最大的障礙還是我們每天日常生活中，是否有毅力貫徹這些並不輕鬆的技巧。

一勞永逸的萬靈丹？

正因為用心推敲的收錄資訊、視覺影象記憶術以及類似的一些技巧，都需要耗費心思，所以大家都期盼能找到一勞永逸之對策——正如眼鏡之於近視一般。如果光看廣告宣傳的次數，你可能會認為答案已經被找到了：銀杏（Ginkgo biloba）葉萃取物。這些廣告宣稱銀杏能增強腦力，進而改善記憶功能。的確有許多研究顯示，銀杏對大腦血液循環頗有幫助。少數實驗證明，對記憶問題嚴重的人而言，銀杏確實略有改善效果；然而對問題輕微或正常人來說，卻看不出有任何功效。還有些研究顯示，老人癡呆症患者在服用銀杏之後，許多症狀都出現少許改善，也許是因為感知能力全面提升之故。然而並沒有證據顯示，銀杏對健忘有特別功效。因此健康的人想改善記憶，在銀杏與用心推敲的收錄資訊技巧之間，應該是選擇後者比較保險。

其他還有許多藥草或是維他命以改善記憶招徠顧客，然而也缺乏明顯的證據支持。某些研究認爲健康食品磷脂絲胺酸（phosphatidylserine，簡稱PS）的確有正面功效。PS和銀杏類似，具多方面療效，甚至對記憶測試也不無助益。有些廣告甚至宣稱它能改善老年人各式各樣的記憶問題。實際上，由PS所標榜的廣泛作用——增加注意力、集中精神、反應速度加快等等——可以看出它之所以能發揮功效，主要在於刺激與增強注意力，和一杯咖啡的差別不大。其實某些人固然大力倡導固定服用PS，但也同時強調用心推敲的收錄訊息等技巧。因此我們大可以推測，這類技巧應該在PS的療效上發揮了一些貢獻。

另外還有些嘗試是由荷爾蒙來著手。舉例而言，有些專家正致力於研究補充動情激素對更年期女性的正面影響。許多婦女停經後常會抱怨記憶衰退，同時一些針對年長女性所做的實驗研究也發現，動情激素不足與記憶語文資訊的能力低落之間有相關之處。最近還有研究顯示，補充動情激素可以改善語文或圖像的記憶。

未來有效遏制健忘的治療方式，很可能是直接由記憶的生理過程著手。一組由華裔的錢卓（Joseph Tsien）所領導的神經生物學家，近期在這方面有了重大進展，因爲他們找到能大幅改善老鼠記憶力的基因。這一基因能爲神經傳導物質ＮＭＤＡ（N-methyl-D-aspartate）受體製造蛋白質，而年輕時的記憶力之所以比較好，正是由於ＮＭＤＡ受體能持續張開較長時間。透過基因轉植，增加某些老鼠這方面的基因，可使牠們成爲ＮＭＤＡ受體更爲活化的「聰明鼠」。聰明鼠在走迷宮、辨認熟悉物體、記憶引發恐懼的電擊等方面，都比一般老鼠表現優異，而且學習時的長期記憶也比較良好。這種能力還可以延續下去，直到牠們長成、老化之後，學習力仍然與年輕老鼠不相上下。

錢卓的研究團隊大膽預言，這種應用在老鼠身上的基因技術，也爲如何改善哺乳類智慧與記憶指引了一個方向。然而，儘管他們研究的成果令人興奮，但這類方式是否可用於治療人類健忘的症狀，目前尚無定論。未來的前景既充滿希望又疑慮叢生。率先由基因觀點研究記憶的神經生物學家圖理（Tim Tully），就很擔心增進記憶的藥物會用到一些他個人認爲不當的用途上。比如說一位將軍要在半個鐘頭的時間內，向一群飛行員交待轟炸任務的各項細節，那麼他可能會借助增進記憶的藥物。圖理身爲和平主義者，自然認爲這方面的應用有違當初的研究初衷。圖理指出：「將這些知識用來使戰爭的技術或人類相互施加於彼此的各式暴行更加完美，是我所不樂於見到的。」

增強記憶的藥物在教育上也是利弊互見。圖理質疑道：「如果一個孩子每天上學前呑一粒強化記憶丸，會產生什麼後果？當他受完十二年教育後，腦袋裡會裝滿多少東西？而裝了這些東西之後，將來又會有什麼成就？」想到將出現學習能力超強、記憶永不衰退的下一代，應該頗令人樂觀其成。然而大腦對於大量湧入的資訊是否能妥善處理？那些沒有機會服用神奇藥丸的兒童又該如何自處？他們是否會淪爲學校與社會競爭下的輸家？圖理語重心長地承認：「我們無法預測。」同樣的情形也可能出現在各行各業的工作者當中。如果服用強化記憶丸，能讓你學習和記住更多與工作有關的資訊，進而使晉升有望。反之，很可能就喪失了競爭優勢。如此一來，即使知道可能會產生副作用，你是否依然選擇服用？以目前神經生物學對記憶研究的進展速度，我們終將面臨這種抉擇。

由基因與藥物來改善或消除健忘，究竟未來展望如何？這是一般人相當關切的課題，或許多少反映對某種潛在的恐懼，因爲他們擔心老人癡呆症的可怕後果，甚至正常的老化帶來的記憶衰退。在一篇讀來令人不安的短篇小說〈幾乎沒有記憶〉（"Almost No Memory"）中，黛維斯（Lydia Davis）描述一名幾乎喪失一切記憶的女人，甚至連一天或一個鐘頭前的事，都好像籠罩上一層陳年往事才該有的煙霧。這位半失憶的女主角將自己的思緒與想法記錄在筆記本上，她只能藉著翻閱這些記錄來確認自我以及過去的存在。然而，這種作法帶來的卻是更多的混淆，而非更多的啓發：

> 她因而知道這些筆記本的確與她大有關聯，但它們怎麼和她產生關聯？有多少是真正的她？又有多少只是外表而非真正的她？這些問題令她難以理解，而且一想起來就深覺困擾。那些筆記本躺在架子上，其中的內容她過去知道而現在茫然，曾經讀過而現在卻不記得讀過，過去想過而現在卻不如此想，或不記得曾如此想過；或者就算記得，她也不知是因爲自己現在如此想，還是因爲過去有過這種念頭。她也很難理解，爲什麼以前出現過一次的想法，多年後會再度重現，或再也不復出現。

這種糾纏難解的混亂，很能讓人體悟爲何健忘或許在七罪中最令人惶惶不安：記憶將我們與自己過去的所思所行連結起來，從而定義了現在的自己，而健忘卻侵蝕了記憶的這個角色。英國大詩人華滋華斯（William Wordsworth）對記憶的連結功能頗有體認，他在〈童稚回憶不朽頌〉（*Ode: Intimations of Immortality from Recollections of Early Childhood*）中，思索逝去的童年往事，不無遺憾地自承：「我曾看過的事現在再也不能看到。」他頌揚日益褪色的往昔仍殘留的微弱回聲：

但那些最初的愛眷，
那些朦朧的回憶，
無論它們現在如何，
仍是我們永遠的明燈，
仍是我們所見的巨光。

第二罪　失神

一九九九年某個酷寒的二月天，十七位參賽者聚集在紐約曼哈頓一座摩天大樓的十九樓，競逐某項鮮為外界所知的榮譽：全國記憶冠軍。優勝者將於數月後代表美國到倫敦參加世界記憶冠軍賽。

參賽者必須記住上千個數字與字彙、好幾頁不同的臉孔和姓名、冗長的詩篇、各式的撲克牌組合。結果由現年二十七歲，職業是行政助理的古蕾（Tatiana Cooley）勝出，成為全國記憶大賽的冠軍。古蕾的致勝祕訣是運用傳統的用心推敲收錄資訊技巧：製造視覺影像、故事以及聯想，將新資訊與熟悉的事物聯結起來。或許一般會認為，既然她能記住大量資訊，想必在日常生活中不致於和普通人一樣，受害於記憶不佳的毛病。

然而，這位冠軍卻認爲自己十分善忘。她在接受記者訪問時說道：「我時常心不在焉。」由於擔心會忘記當天要完成的事，所以古蕾得倚賴在便條上寫下的待辦事項清單。她心虛地承認：「我全靠利貼（Post-it）過日子。」

健忘與失神是兩碼事

全國記憶冠軍得主居然倚賴利貼過日子，這檔事實在充滿矛盾，甚至有點超現實：爲什麼記憶超凡的人還需要靠便條紙記事？如果有能力對成千上百的數字與詞彙過目不忘，那麼她能否以同樣的能力記住自己需要到超市買一罐牛奶？顯然不能。身爲記憶冠軍卻時常在日常生活中丟三忘四，這種巨大的落差足以顯示健忘與失神或心不在焉完全是兩碼事。

古蕾熟練的記憶技巧主要在於對抗健忘。普通人在記憶一長串數字時，超過第七或第八個數字就可能開始忘記前面的數字。然而像古蕾這類訓練有素的人自然有一套記住數字的收錄方式，就算出現更多數字或是間隔一段時間之後，仍然可以將所有數字牢記不忘。至於古蕾得借助便條紙提醒自己該完成的任務、和某人的約會等等，以避免在日常生活中出現記憶不佳的窘況，並不代表她有健忘的問題。這類記憶的毛病應當歸咎於第二項記憶之罪：失神。失神是因注意力不集中，導致對資訊不當收錄，或是雖經收錄，卻在需要檢索時被忽略掉。

讓我們用以下的三個例子說明健忘與失神的區別：

- 某人站上高爾夫發球坪開球，順利把球打到了球道上。等同組的夥伴也開球完畢，他又走向發球坪準備開球，完全忘記剛才打過的那一球。
- 某人隨手把眼鏡放在沙發上。幾分鐘後發覺自己找不到眼鏡，於是花了半個鐘頭翻遍全屋，才終於發現它的藏身之處。
- 某人把小提琴暫時擱在車頂，後來忘了這回事，就這樣把車開走。

表面上看來，這三個例子反映的都是記憶快速消失，其實三者各有不同的原因。

第一樁案例發生在一九八〇年代初期。當時我和參與記憶障礙實驗的病患一起去打高爾夫，這位病患是早期老人癡呆症患者，有嚴重的短期記憶喪失現象。他開完球之後，還很得意自己把球打在球道正中央，因爲這表示下一球應該可以直上果嶺。換句話說，這件事已經在他腦中刻下足夠的印象，照理不應該遺忘得這麼快。就在他又站上發球區準備再度開球之際，我提醒他剛才的情況，然而他卻完全不記得。這位病患正飽受健忘的折磨，就算曾在腦中留下深刻印象，加上再多的提示或刺激，仍然無濟於事。

第二個找不到眼鏡的例子，原因完全不同。慚愧的是，這是我自身的經驗，而且發生頻率高到連自己都羞於承認。在不留神的狀況下，我把眼鏡放到一個平常絕不會放的地方。因爲當時正在看一本科學刊物，全神貫注之餘根本沒注意到自己做了這個動作，所以發現眼鏡不見後也茫然得無從找起。即使最後終於在沙發上找到，我仍然想不起自己曾經做過這個動作。不過這種情況和老人癡呆症患者的健忘並不相同：我在漫不經心之下沒有將放眼鏡這個動作進行適當的收錄，以致於稍後根本無法由腦海中檢索這段記憶。

至於第三個隨手放置小提琴的例子，造成的困擾可不是一時三刻就可平復。一九六七年八月，加州大學洛杉磯分校的魯斯（Roth）弦樂四重奏樂團的第二小提琴手馬蓋特（David Margetts）向音樂系借用了一把史特拉底瓦里（Stradivarius）名琴。有一次馬蓋特將小提琴隨手放在車頂，然後一時不察地駕車離去，自此名琴消失於世。事後學校雖想盡辦法找尋，卻直到二十七年後的一九九四年，這把名琴才重新出現。當時有人將它送到店中修復，被商家認了出來。其後又經過冗長的官司纏訟，這把名琴終於在一九九八年復歸加大洛杉磯分校。

我們無法知道馬蓋特把琴放在車頂時腦中在想些什麼，也許有別的事吸引了他的注意力，就跟我亂放眼鏡一般。不過音樂家對於一把名貴的小提琴，通常必然會小心翼翼地愛護，所以我相信若是有人在馬蓋特駕車離去前提醒一聲，他一定能立刻想起小提琴被忘在何處。也就是說，馬蓋特應該不是由於健忘，也不是一開始未做適當的收錄，而比較像是失神之過。他在該記得之時卻忘了小提琴還放在車頂，僅需一個提示，應該就能提醒他把琴放回車中。

失神的後果時而令人啼笑皆非，時而令人膽顫心驚。想深入瞭解這個現象，就得探討注意力在收錄過程中所扮演的角色，同時也要瞭解檢索、回想的提示如何協助我們記住想要記的事情。

注意力與記憶

由上一章可以看出，記憶留存的久暫與否取決於收錄技巧。如果接收訊息時全然沒有經過收錄，就極有可能出現失神的記憶差錯。這種例子在日常生活中屢見不鮮：亂放眼鏡、找不到鑰匙、忘記約會等等。無法執行適當收錄的原因之一，是因爲取得新資訊時注意力受干擾或不夠集中。在一些研究注意力分散的相關實驗中，受測者必須記住一些資料，像是一串字彙，一則故事或是一系列圖片。於此同時，受測者還要額外執行一些會分散自己注意力的任務：例如聆聽一連串聲音，在聽到特別高或特別低的音階時要做出反應；或是聆聽一連串數字，在出現三個連續奇數時得做出反應。在注意力無法集中的情況下，受測者接受字彙記憶測驗的結果遠不及未經干擾下的表現。

最近有一些研究提出。就算收錄時注意力被分散，也不見得會讓資訊在腦中完全不留下痕跡。研究記憶的專家指出，我們對過往經驗的記憶方式可區分爲兩類：重拾回憶（recollection）與熟悉之感（familiarity）。重拾回憶是在腦海中召回往事的點點滴滴，例如上星期到餐廳吃飯時你所坐的位置，負責招待的侍者語氣如何，點了那幾道菜等等。

熟悉之感則較爲粗淺，只是大致知道事情曾發生過，卻不必深究特定細節。舉例而言，在餐館裡你發覺鄰桌坐著一位以前見過的女士，卻不記得她的名字，也忘記曾在什麼場合見過她。

由實驗結果得知，吸收資訊時注意力分散，對日後重拾回憶會造成莫大干擾，但對熟悉之感則沒什麼影響。這個現象也許是因爲吸收資訊時如果注意力分散，就無法對重拾回憶所需的特殊細節用心推敲，卻依然有能力記錄下一些粗淺的資訊，讓我們日後對這個經驗浮現熟悉之感。當注意力被分散之時，也許我們還是能記住某人的臉孔，於再度相遇時產生熟悉之感；至於他的姓名、職業或是詳細資料，則因用心推敲不足而無法在日後重拾回憶。

也許正因爲日常生活中充斥太多會分散注意力的雜事，以致於我們常會犯下失神的毛病：爲了準備明天在重要會議中演說的資料，一面讀著手中的筆記，一面順手把鑰匙擱在平常不會去放的位置上；或是一面在腦中估計開出支票後的帳戶餘額，不知不覺中把支票簿留在餐桌上。就算你對當時的情境隱約有熟悉之感，卻因缺乏適當的收錄，稍後自然無法對置放鑰匙和支票簿的地點重拾回憶。

對於老年人而言，出現心不在焉毛病的主要原因，或許是在進行記憶收錄時注意力不夠集中之故。心理學家柯瑞克（Fergus Craik）和傑柯比（Larry Jacoby）透過一連串實驗，發現老化之後會出現一種類似注意力被嚴重分散的狀況。六十到七十歲的老年人，在不受干擾的狀況下進行記憶測試的結果，與大學生被分散注意力之後測得的結果相近。相較於完全不受干擾的大學生，年長者以及注意力被分散的大學生在重拾回憶方面表現較差，然而三組受測者在熟悉之感上卻無分軒輊。分散注意力會降低我們的認知資源（cognitive resources），使收錄時所需的能量不足，以致於無法有效吸收新的資訊。柯瑞克和其他一些學者指出，年老意味著認知資源減少，因此老年人的記憶力模式也就顯得和注意力分散的狀況類似。

自動行爲下的疏忽

某些平日做慣的事情，根本不需經過用心推敲的收錄即可完成，此時最容易因注意力不集中而犯下失神的毛病。舉例而言，像開車或打字，一開始都需要十分專注才足以操控複雜的儀表或是鍵盤；然而經過反覆練習而技巧純熟後，所需投注的精力就愈來愈少。許多實驗結果顯示，不少技能與工作，執行者在操作方面都會由一開始的全力以赴，進展到交由下意識去自動執行。

「自動行爲」使我們在從事開車這類技術性任務時，還能分心去想些別的事情。不過這種方便也得付出代價：我們往往對這段時間內所做的動作沒有任何印象。舉例而言，許多駕駛老手在高速公路上風馳電掣一陣子後，才驚覺自己對剛才十公里的路況毫無印象。技術純熟的駕駛即使沈浸在其他思緒中，依然可以透過下意識來安全操控車輛的行進，只是因爲他並未對週遭環境進行收錄，所以完全不記得剛才經過的路徑。一百多年前，英國小說家巴特勒（Samuel Butler）曾對心智演化提出偉大的理論，而自動行爲在其中占有相當重要的地位。藉由一位鋼琴家剛演奏完某首五分鐘小品的心聲，他深入刻畫了演奏者對下意識行爲的記憶：

那些上千個動作……也就是過去五分鐘之內自己所做過的動作，在演出後他幾乎連一個也想不起來。通常在演奏完之後，除了知道剛才演奏的是某某曲子之外，如果還能記得其他的一些細節，就意味著其中有些段落讓他覺得特別困難，還無法達到渾然忘我的地步。至於演奏中的其他部分不會在他腦海存留任何印象，一如呼吸總是在不自覺中進行一般。

這種對自動行爲毫無記憶的現象，也會導致一些丟三忘四的糗事。我在前面提過自己曾下意識把眼鏡隨手擱置在平常不會去放的地方；而有些人更離譜，會到處找剛才順手推到額頭上的眼鏡或是仍然拿在手中的鑰匙。我個人最脫線的事蹟則是剛打完一場高爾夫球，背著球袋走到停車場，準備開車回家。通常我都會把汽車鑰匙放在球袋的口袋中，但此時卻遍尋不到。情急之下，我把球袋整個倒空，仍然一無所獲。既然鑰匙不在口袋裡，表示很可能掉在球場某處。我一面思考接下來該怎麼辦，一面在內心暗自詛咒。此時突然從眼角餘光中，瞄到已打開的行李箱蓋上正掛著那串鑰匙。顯然不久之前我已下意識地用鑰匙打開了行李箱，但事後卻一點也記不起來。

神經造影技術對注意力分散時腦部狀況的研究極有幫助。謝利斯和他的研究團隊以PET掃描受測者學習字串時的腦部狀況。他們在測試中對某些受測者加入輕度干擾，有些則加入嚴重干擾。實驗結果顯示，受到嚴重干擾的受測者，額葉左下方的活動程度遠不如僅受輕微干擾者。前一章曾經提到，收錄資訊時額葉左下部位的活動程度，和記憶是否能長期保存很有關係。謝利斯的實驗結果說明，注意力分散時左腦額葉無法完整執行收錄資訊所需的正常活動，因此日後要重拾記憶會十分困難，也可能會出現因爲心不在焉而導致的遺忘。

相關的神經造影也顯示出左額葉下方與自動行爲間的關聯。神經科學家瑞切（Marcus Raichle）和他的研究團隊所做的實驗，是先提示一串名詞，讓受測者回答與各名詞相關的動作，同時以ＰＥＴ掃描觀察他們腦部活動的變化。舉例而言，如果提示的是「狗」，則受測者可能回答「叫」或「跑」等等。在受測者剛開始思索答案時，左腦額葉下方的活動頻繁，這可能反映出某種用心推敲的吸收資訊現象，也就是由「狗」的屬性聯想到一些與狗相關的行爲。等到後來同樣的名詞一再重覆出現，受測者能夠很快由下意識將熟悉的答案脫口而出，此時左腦額葉的活動也會隨之減少。由這個實驗可以推測，日常生活中許多自動化行爲——產生心不在焉毛病的主因——應與左腦額葉的活動程度有關。

最近我的同事瓦格納所主持的ｆＭＲＩ（即功能性核磁共振造影）研究，更進一步證明自動化行爲會導致記憶不夠深刻。自從艾賓豪斯在一個多世紀前的先驅性研究，記憶研究者就明白，重覆的確能夠強化記憶。更進一步來說，若能把重覆的時間平均分散，效果會更好。舉例而言，如果你打算複習十次一週後要考試的內容，那麼最好把十次複習平均分布到一週當中，而不要全部集中於短時間內完成。臨時抱佛腳或許可應付眼前的考試，分次平均複習才能夠讓你將所學長記腦海。

最近的一項實驗中，我們讓受測者把接受掃描時會出現的字彙在測試前一天先看一遍（分散式重覆），或是在受測前幾分鐘才先看一遍（集中式重覆）。結果不出我們所料，前者在加強記憶的效果上優於後者。更重要的是，在幾分鐘內重覆看到同樣資料時，左腦額葉的活動程度較低。這是因爲在短時間內再度看到同樣的字彙，收錄時的自動操作性增加，從而使左額葉活動減少，如此一來記憶便無法久存。這些結果與前述瑞切的實驗不謀而合，或許也可以幫助我們瞭解爲何自動化收錄容易導致失神的記憶毛病。

視而不見

自動化或草率的收錄還可能導致其他失神的毛病，其中最有趣的可能是「對改變視而不見」。在相關的研究中，受測者要在一段時間內觀看物體或是場景，而主試者會從中做出些微或重大的改變，以觀察受測者能否察覺到這些變動。心理學家列文（Daniel Levin）和西蒙斯（Daniel Simons）對此曾進行過一些頗有創意的實驗，舉例而言，其中之一是讓受測者看一段影片：一位金髮年輕男子坐在書桌前，隨後他起身離開房間，鏡頭接著切換至室外，只看到那名男子正在打電話。其實坐在桌前與打電話的並不是同一個人，雖然他們都是金髮、戴眼鏡的年輕男子，但仔細分辨還是看得出不同。結果只有三分之一的受測者觀察到這個改變。

在另一段影片中，兩名女子據桌對坐，一面喝可樂，一面開懷享用食物，並且和對方聊天。鏡頭不時在兩人之間切換，一切看起來都很正常。短片結束後詢問受測者是否注意到任何變動，大部分人都回答看不出來，或是只看到一項變動。其實每次鏡頭切換後，兩人的衣飾與桌上的擺設等都有許多改變。

列文和西蒙斯並不滿足於影片測試，他們希望能由生活實例中得到驗證。爲了進行測試，一位實驗人員在大學校區向人問路，就在他們交談時，出現兩個人抬著一扇門穿過他們之間，掩護另一位實驗人員上場。兩名實驗人員就在門後對調，因此等門通過後，問路的人已經掉包。令人驚訝的是，十五個受測者中只有七個人發覺這項改變！

在後續的實驗中，西蒙斯讓我們看到，如果將全付注意力集中於單一物體上，還可能會產生更爲離奇的效果。試想以下的狀況：如果你正看著一群人圍成一圈傳球，忽然有一個人扮成大猩猩走進圓圈中，站在那兒搥胸高呼，跳來跳去，你的目光一定會立刻被吸引住。西蒙斯和另一位心理學家查布里斯（Chris Chabris）將這樣的場景拍成一段影片，並且請觀看影片的受測者計算球總共被傳了幾次。由於受測者緊盯著球的移動軌跡，所以居然約有半數沒有注意到大猩猩曾經出現過。顯然受測者過於專注於傳球的動作，對於其他不相干的變動幾乎視而不見，也無法留下任何印象。

另一項實驗的腦部造影證據，也支持以上的看法。這項實驗是將一串字母疊印在線描圖形之上，而字母的排列有時沒有意義，有時則可組成單字。如果指示受測者注意觀看字串，可以發現他們在看到有意義的單字時，腦部活動會比看到無意義字串時爲強；但如果指示受測者觀看線描圖形，就不會出現不同的腦部反應——雖然受測者也同樣看到了那些字串，但因專注程度低，所以無從區分其中無意義的字串與有意義的單字。

以上所舉的兩個例子中，受測者之所以對改變視而不見，是因爲注意力被其他事物吸引。但在更早提到的門後調包實驗中，受測者的注意力其實未受任何限制，他們對改變之所以視而不見，可能是由於對於整個場景特質的收錄過於粗淺，只記錄下約略的梗概，卻忽略特定的細節。根據西蒙斯等人的研究，如果受測者針對先前問路人的特性進行過精確的收錄，往往就能分辨出問路人是否被調換過。這項實驗中，未能察覺調包的受測者大多是中、老年人，而年輕的大學生大都能察覺出來。由於扮演問路者是個年輕人，所以中、老年人會將他籠統歸類爲「一個大學生」；而身爲大學生的受測者則會將他引爲與自己同類的人，因此收錄時會注意到另外一些特性。

如果大學生收錄時也受到問路者類型特徵的影響，是否會比較容易對改變視而不見？爲了驗證起見，列文和西蒙斯讓問路者與調包者都作建築工人的打扮，也就是讓受測的大學生比較容易以「建築工人」這個類別來做籠統的收錄。結果受測的十二個大學生中，真的僅有四人分辨出不同。由此可見，僅止於一般層次的粗淺收錄無法記住細節，對變化也就難以察覺。

記住該做的事

法國小說家普魯斯特（Marcel Proust）的巨著《追憶似水年華》（*Remembrance of Things Past*），可說是作者對自身記憶長篇累牘的回溯，他對重拾孩提時往事的熱切期盼，恰好能爲記憶的功能下一註腳：記憶是串連現在與過去的管道。

不過就日常生活而言，記憶對於未來同樣扮演要角。我們都已慣於用便條紙寫下待辦的事項：回家途中順便買牛奶、打電話預訂機票、把資料放在助理桌上、敲定明天的午餐約會、及時支付房屋貸款、到銀行轉帳——可列出的事項真是不計其數。

記住未來需要完成的事，心理學家以「展望性記憶」來形容。雖然以往對記憶的研究幾乎清一色是關於過去事物的回憶，也就是普魯斯特書中絮絮不休的主題，但多數人毋寧更關心是否能記住未來該做的事。究其原因，可能是回溯性記憶若出了問題——忘記別人的名字或某件事，把兩件事情發生的時地弄混——別人充其量認爲你的記性靠不住；但如果是展望性記憶出了問題——忘記午餐約會，或是未能如約寄送包裹——別人會認爲你這個人靠不住。你是否曾經忘記繳納房貸或是信用卡帳單？如果有過這樣的經驗，就該明白記性差無法當作免繳逾期罰金的藉口。展望性記憶因心不在焉而出了差錯，不僅會造成實質的損失，也會使別人認爲你不值得信賴，甚至懷疑你的人格，這些後果在忘記過去發生的事時倒不至發生。

爲何展望性記憶會出問題？回答這個問題之前，我想引用心理學家恩斯坦（Gilles Einstein）和麥克但尼爾（Mark McDaniel）首倡的說法，將展望性記憶區分爲「時間導向」與「事件導向」兩種。事件導向的展望性記憶是指某一特定事件的發生，會提醒當事人去執行某項任務。例如你的朋友法蘭克說：「今天在辦公室看到哈利時，請轉告他打電話給我。」那麼法蘭克是請你在特定事件發生時（在辦公室看到哈利），去執行某項行動（請哈利打電話給他）。另一方面，時間導向的展望性記憶，通常是要記得在未來的特定時間執行某項行動。例如二十分鐘後要將餅乾由烤箱中取出，或是晚上十一點要吃藥等等。

造成這兩種展望性記憶出錯的原因各不相同。以事件導向的任務而言，如果原本用來提醒當事人的事件無法發揮效果，就會出問題：例如，你到辦公室見到哈利，卻不記得請他打電話給法蘭克。對時間導向的展望性記憶來說，很可能是時間到了卻沒有任何線索足以提醒當事人該去完成某事。例如晚上十一點要吃藥這件事，除非你確定屆時能自發地想起來，否則可能要預先想個方法到時提醒自己。如果你十一點就寢前固定會去刷牙，就可以把藥瓶放在洗臉檯上，如此一來想忘記都難。所以事件導向的展望性記憶，關鍵端賴於提醒或提示的信號能否喚醒你的記憶；時間導向的展望性記憶則旨在如何設定一個線索，以便於稍後有效做出提醒。

先談談事件導向的展望性記憶。法蘭克請你告訴哈利打電話給他，你卻忘了這回事。其實到辦公室之後的確見到了哈利，然而當時你並未想起法蘭克的囑咐，反而和他聊起你們爲昨晚的籃球冠軍賽打賭之事，你洋洋得意地吹噓自己的先見之明，談了好一會兒才開始辦公。直到法蘭克向你詢問哈利的事，你才不住地道歉，一面也懷疑自己的記憶力是否出了問題。其實你大可不必這樣擔心。展望性記憶在此時所以會失靈，是因爲看到哈利時腦中同時還想起許多件事，以致於忘了法蘭克交待的口信。要觸動展望性記憶，最好利用特色鮮明的提示，而且不會引發長期記憶中其他的聯想，才不致受其他不相干資訊的干擾。

恩斯坦和麥克但尼爾以一項簡單的實驗顯示獨特提示的重要性。在這項實驗中，一組受測者聽到特別熟悉的字眼（如電影）就得按下按鈕。而另一組人則要在聽到最不熟悉的字眼（如 yolif 這類無意義的字）時按下按鈕。他們預測，大多數人在聽到熟悉的字眼時，會產生許多聯想，因此容易分心而忘了按鈕。實驗結果真的證實了他們的假設。

有用的提示

除了特性鮮明之外，提示還應該具備足夠資訊，才能協助喚起當事人去執行某件事。有多少次你匆忙記下一個電話號碼，但等到要撥號時卻根本不記得那是誰的號碼？有一次我到某大學做記憶方面的演講，邀請者的祕書拿出一張她當天稍早用過的便條紙給我看，上面只寫著「Nat」。她說自己現在想不起來「Nat」究竟代表什麼。在我們隨手記下某件事時，周遭的資訊都還暫存於腦子的工作記憶中，因此簡略的提示看來已經足夠。不過別忘了前一章提過：記憶往往很短暫。當工作記憶隨著時間而消逝，原先覺得很清楚的提示就成了難解的謎題。爲了能真正達到提醒的功能，最好把腦中工作記憶存放的資料詳細寫在紙上。

還有一種情況會使展望性記憶失靈，就是腦海中盤算著其他念頭，根本沒注意到具有提醒作用的事物。如果一分鐘之後你要當著老闆的面發表重要演說，此時即使見到哈利，你也不可能記得法蘭克的叮嚀，因爲腦子裡想的都是演說的事。有些實驗採行與恩斯坦及麥克但尼爾類似的方法，證明這種現象的確存在。受測者要注意眼前出現的一連串的單字，等某個單字一出現，就必須按鈕。但其中部分受測者還有一項額外任務，就是要隨機報出一串數字，結果這些人忙著報數，忘記按鈕的次數也就比較高——也就是展望性記憶比較容易出差錯。這個現象與忙著準備重要演講的資料，以致於見到工作夥伴也忘了提該說的事，二者如出一轍。在其他一些實驗中，受測者的額外任務不必用太多腦筋，所以並未對展望性記憶發生什麼影響。

最近一項實驗以PET掃描來研究事件導向的展望性記憶，也進一步證實以上的論點。受測者接受掃描時，要覆誦聽到的字，但部分受測者還必須記得在聽到特定字眼時敲打一下。結果相較之下，那些被指派額外任務的受測者，額葉的幾個部位都出現較爲頻繁的活動，其中有些區域與工作記憶所涉及的額葉部位相重疊。由此應可顯示，執行展望性記憶行爲時要用到的某些額葉區域，如果因其他分心的事而遭「占用」，展望性記憶就可能出問題。試想如果有人請你轉告一位同事某件事，但等你碰到這位同事時，腦子裡卻想著早上開會時你和他究竟談過哪些話。此時額葉忙著處理內心的自問自答，以致於展望性記憶無法正常運作，即使見到提醒的事物，也想不起該做的事。

生活忙碌而且步入中年的嬰兒潮世代，每當犯了失神的毛病，就會懷疑自己是否因爲年紀大而記憶力開始走下坡，搞不好還得了老人癡呆症。看了上面的說明，他們應該不需要再疑神疑鬼了，因爲展望性記憶會出問題，往往是腦子裡同時忙著太多事情。在公私兩頭競相耗損心神的情況之下，日常生活中的不少瑣事自然會出現忙中有錯的窘況。實驗結果證明，事件導向的展望性記憶測驗中，六、七十歲老年人的表現並不輸給年輕人。只要以提示信號提醒該執行的目標任務，老年人通常都不會忘記。

時間導向的展望性記憶受年齡的影響就比較明顯。如果必須在未來特定時間做某件事，例如睡前吃藥，就必須想出該用什麼方法來提醒自己。恩斯坦與麥克但尼爾曾以年輕人與老年人爲對象，請他們在接受字串測試時，每隔十分鐘要記得按一次鈕，他們眼前放有時鐘以供參考。這項時間導向的任務中缺乏提醒機制，結果老年人比較容易忘記準時按鈕。這項研究與其他研究的結論相符，顯示要老年人自發地記住未來該做的事，的確比較困難，也許是認知的能量會隨著年齡而衰減之故。

然而，只要能把時間導向的展望性記憶轉換爲事件導向，讓老年人適時獲得提示，他們的表現就非常良好。某項實驗要求老年人在特定時間打電話進來，結果有些老年人把這項時間導向的任務轉換爲事件導向，也就是看看自己在該打電話的時間常做的是什麼事，從中找到連結之處。舉例而言，有人把提醒的紙條貼在洗碗槽旁邊，另一位則把打電話與早晨喝咖啡串聯起來。

日常生活中許多涉及展望性記憶的重要事項，如按時吃藥等，應該可參考上面的這些作法。許多老年人一天之中要吃好幾次藥，而且有些藥必須按時服用。然而調查顯示，有三分之一到二分之一的老年人並未按時服藥，其中應該以七、八十歲的老人爲主，六十多歲的人通常還不會如此。稍早曾經提過，每晚十一點吃藥是屬於時間導向的展望性記憶，但因早已養成十一點睡前刷牙的習慣，所以可以把藥放在牙刷旁。如此一來，每晚十一點吃藥就轉換爲事件導向，將可以大幅減少忘記服藥的情形。

如果腦子裡忙著想別的事，根本不曾想到用適當的提示物提醒自己，那麼時間導向的展望性記憶更容易出毛病。請受測者在特定時間打電話的實驗中，忘記打的人最常見的理由是他們正「專心做別的事」或是「分心」等等。我們常常只是告誡自己要記得做什麼事，卻沒有設下強而有力的提醒或提示事物來提醒自己。當你坐在書桌前，一再告訴自己：「好，明早我一定要記得繳信用卡帳單。」可是如果你不設下一個提示，把這件事轉換爲事件導向（例如把帳單放在出門前一定會看到的顯眼位置），明早你出門後帳單八成依舊躺在書桌上。心理學家懷特寶妮（Susan Whitbourne）曾對我透露過一段她親身經歷的惱人經驗：

> 因爲第二天要到巴爾的摩出差兩天，所以我脫下隱形眼鏡之後，特別提醒自己明天早上不要忘了帶眼鏡盒。然而第二天晚上打開行李時，卻發覺自己還是忘了帶。情急之下，剛好看到兩個空玻璃杯，只好將兩片隱形眼鏡分別泡在兩個杯中，上面蓋上紙杯蓋以暫時應急。當時經過一天的舟車勞頓和夜宴社交活動，我實在已經疲累不堪。次日早晨當我靠近洗手檯時，赫然發覺右邊的杯子竟然是空的！很顯然我在半夜起身時睡眼惺忪地喝光了這杯附有小鏡片的水。幸好戴著剩下的一隻鏡片，我仍然順利完成演講，不過這真是一段惱人的經驗，更別提因這一閃神而付出的金錢代價。

先不去管吞下隱形眼鏡對健康是否有影響，懷特寶妮心不在焉的後果其實不算太糟。不過其他一些個案中，後果卻可能嚴重的多。以飛航管制爲例，航管人員常會碰到某位駕駛要求提升高度，但因另有一架飛機還在附近，所以無法立即核准的情形。航管人員該如何提醒自己，等這架飛機通過之後，要記得發出核准的訊號？爲了幫助記憶，航管人員常會利用「飛行進程單」這種長方形紙條，上面記著他所負責的各飛機班次的高度、路線、目的地以及其他狀況。因此在收到提升高度的要求時，他可以找出這個航班的飛行進程單，在上面做個記號，或單獨放到一邊，好作爲提醒自己的工具。

自動化電子設備終將取代現有的「飛行進程單」，航管人員屆時也得另外尋找提醒自己的方法。爲了協助航管人員，奧克拉荷馬大學與聯邦航空總署合作，模擬研究空中飛航控管。試想一位航管人員收到達美航空692的飛機提升高度的要求，爲了讓另一架飛機先行通過，控管人員延緩同意，並在電子儀器中設下備忘，提醒一分鐘後允許達美692提升高度。至於具體的提示方式，第一種是在一分鐘的等待期間，一直在螢光幕上標明這項提示，到該執行時則消失；第二種是到執行的時間才讓提示訊息顯現；第三種則是等待與執行時都顯示出來。實驗結果證明，第二種方式最爲理想。事前反覆提示的第一種方式並沒有提醒的作用，而兼採事前和執行時雙重提示的第三種方式，效果也不及第二種方式。

適時的提醒，勝過事先叮嚀，我自己也有過切身的教訓。某一天早晨，我在家中接到太太打來的電話，提醒我今天清潔工會過來打掃，所以要記得把酬勞留在家裡。她還提醒出門時不要設下保全系統，因爲清潔工並不知道解除的密碼。我放下電話後立即掏出現金放在廚房桌上，隨即繼續專注於手邊的工作，並在中午之前離家到辦公室。兩個小時後，朋友留話給我，說保全公司通知他有人觸動我家的警報系統。警察很快趕到，清潔工人手足無措地解釋，他們來我家是爲了清潔而非洗劫。檢討起來，太太要我把錢留在桌上的任務成功地被執行，是因爲當時我就立即採取了行動；但是她要我別設警報系統的提醒，我只在腦中重覆交代一遍——就像懷特寶妮前一天晚上提醒自己不要忘了隱形眼鏡盒一樣——結果兩小時之後離開家時，這項提醒根本沒有發揮作用。

執行展望性記憶是否能避免失神的差錯，端賴於任務該執行時能否出現提示，因此最有效的作法就是利用適當的外在記憶輔助。這些輔助應具備兩項條件：有意義、適時出現。在手指上綁一根線是流傳已久的提示方法，然而它並不符合第一項條件。綁一根線雖然可以隨時提醒有一件待做之事，但它和前面提過的「Nat」提示沒兩樣，你很容易忘記自己當初綁線的原因，只能徒增困擾而已。從另一方面看來，就算你記下的資料足夠詳盡，卻仍然需要在適當時機出現眼前，才能真正達到提醒的功用。口袋裡的紙條或是筆記上的資料也許非常完備，然而若是我們從不瞄它們一眼，也就無從派上用場。

善用外在記憶輔助工具

許多中、小學爲了對付學生們常犯的失神毛病——忘記寫作業——紛紛運用起外在的輔助工具。例如，亞特蘭大某所小學的學生，必須把當天的作業登記在一本筆記本上，由家長每晚檢查後簽名。校長會不時抽查這些進度手冊，若是家長每晚都盡責地簽名，學生會得到冰淇淋或是巧克力作爲獎勵。爲了使學生習於這種制度，某個高中由計劃執行者親自站在教室前把關驗收，更有一些學校將關卡設在飲水機或廁所之前。據側面瞭解，如此一來忘記寫作業的情況的確獲得改善。

其實日常生活中許多記憶輔助工具，都具備有效提醒的兩項特質。例如水燒開時會發出哨音的茶壺，平放過久會響起警報聲的電熨斗，還有許多先進的電子器材，能協助我們記錄或預設未來想做的事。一九九〇年代初有一項調查顯示，市售電子產品具備記憶提示功能的有三十種；十年後的今日，想必這類產品出現更多。有趣的是，各種年齡階層與不同生活型態的人，對這些產品的功效各有不同的感受。年輕人對於標榜「高科技」的產品最感興趣，小型的電子秘書能讓他們在學校或是職場上靈活運用。有家室的中年人認為最有用的是家務相關產品，例如「定時熨斗」等。退休的老年人則對於每日居家或其他例行事項有提醒作用的產品較感興趣，例如電子「澆花提示器」，只要插入土壤中，就可以在水份不足時發出聲音。

當錢卓的研究團隊發表驚人的實驗成果，說明他們如何利用基因工程改善老鼠記憶時，媒體紛紛喧嚷未來將出現高科技的記憶藥品，使遺忘成為歷史名詞。不過正如一九九九年全美記憶冠軍古蕾仍會犯心不在焉的毛病，治療健忘的藥不見得對心不在焉有效。就像利貼便條是古蕾對付失神的利器，其他更先進的記憶輔助工具其實也不少，只要有效運用就能發揮良好功能，並不見得需要動用基因工程。

生活忙碌的人最常感受到失神的困擾，因為他們每天要忙著扮演多重角色，永遠都要替未來預做規畫。心理學家蘭格（Ellen Langer）指出，找不到眼鏡或是鑰匙之類的差錯，往往是因為我們腦中另有所思，像是私人問題的困擾，或是下次開會時要討論的議題等等。實驗室的老鼠是否會因為太專注於某個問題而分神，所以忘記自己剛才曾做過什麼？是否能找出與失神有關的基因？即使能夠找到，對我們又有什麼用？這些都是有趣的問題，卻不見得能得到清楚的答案。不過我認為在可預見的未來，有關如何克服失神的研究，領軍的應該是認知科學家，而不是基因工程學者。

第三罪　空白

「我想介紹給你母親吃的東西叫什麼來著？」
「等一下，我知道。」
「那個名字好像呼之欲出。」她說道。
「等一下，我一定知道。」
「你知道我要說的是什麼。」
「你是指安眠藥之類還是消化藥？」
「那個名字就在我舌頭尖上。」
「等一下，等一下，我知道。」

以上的對話摘自狄里洛（Don DeLillo）的小說《地下世界》（*Underworld*），這段夫婦之間的交談，相當能刻畫出我們常遇到的窘況：明知自己知道某項資訊，但一時間就是卡住想不起來。這種腦中一片空白的狀況，有時只不過會激起我們非想起來不可的好奇心，就像以上的對話一樣。不過在某些場合中，卻可能讓人焦急萬分。

舉例而言，在公司舉辦的宴會中，你和同事馬丁一面喝酒一面聊天，這時一位年輕女士走過來準備加入你們，你曾和她共事多次，不過最近幾個月並沒碰過面。看來該由你來把她介紹給馬丁，而且你也很樂於這麼做。糟糕的是，雖然對她的職位、年資、甚至愛吃的菜都記得一清二楚，但一時間就是想不起她的名字。你知道開頭是C或K，而且有好幾個音節，可是那個名字就像是卡在喉頭叫不出來。不管多麼努力，腦中還是無法浮現她的名字。爲了不讓大家陷入窘境，你機靈地扭轉方向，讓這兩位同事彼此自我介紹。「你們彼此認識，對嗎？」你故意輕描淡寫。當卡特琳娜（Katrina）對馬丁伸出手自我介紹時，你如釋重負，但同時又生自己的氣。

空白也屬於一種遺忘，不過和失神或健忘有所區別。不同於失神的地方，在於那個怎麼都不肯現身的名字或是字眼的確曾經過收錄與儲存，通常也能藉提示而喚起記憶。

不同於健忘的地方，是它並未由腦海中消失，只是藏在某處，似乎只要再努力一點就會蹦出來。

叫不出名字

空白的情形隨時都可能產生。在閒聊中，你會說著說著突然忘記某個名詞；舞臺上的演員偶爾會出現忘詞的尷尬場面；學生最害怕背得滾瓜爛熟的答案在考試時卻臨時被卡住，考完後才突然冒出來。不過短暫空白最常見的是叫不出名字。在問及日常生活中最常犯的記憶毛病時，叫不出熟人名字總是高居排行榜前幾名，五十歲以上的人尤其將之列爲最嚴重的認知因難。

這種感覺其實是有客觀數據爲證。一項實驗有二十歲、四十歲、七十歲的三組受測者，請他們在一個月內發生記憶暫時空白時就及時記錄下來。根據受測者的記錄，他們偶爾會忘記物品名稱，如「algae（海藻）」，或是抽象字眼，如「idiomatic（慣用語的）」等等，不過三組中最常見的片刻空白還是發生在專有名詞上，其中人名又比國家或城市等地名更爲普遍。四十歲和七十歲的受測者發生說不出專有名詞的情況，比二十歲的受測者更爲頻繁。而七十歲的受測者，最常會叫不出熟人名字。

為什麼會叫不出別人的名字？在回答之前，讓我們先看看心理學家所謂的「貝克／麵包師傅的矛盾」（Baker/baker paradox，Baker 與 baker 這兩個字英文發音與意義相同）。這項實驗將受測者分爲兩組，分別讓他們觀看一些陌生人臉孔照片，一組要記住這些臉孔的名字，而另一組則要記住這些臉孔的職業。實驗的巧妙處，在於同一張面孔所搭配名字與職業是相同的字。舉例而言，貝克（Baker）與麵包師傅（baker）、波特（Potter）與製陶者（potter）等。稍後測試時，記住職業的人要比記住人名的多。這項結果就是「Baker/baker 矛盾」：爲什麼同一個字在用作專有名詞或職業時，會造成不同的效果？

一百五十多年前，英國哲學家暨經濟學家彌爾（John Stuart Mill）就曾經嘗試解釋與「Baker/baker 矛盾」相似的現象。彌爾認爲：「專有名詞不具有特定意涵，雖然我們以此稱呼這個名詞的所有人，但它卻無法說明或暗示與這個人相關的任何特性。」也就是說，如果我告訴你我有一個朋友叫約翰‧貝克，其實你對他算是一無所知，只知道他有一個很普通的英文名字；但是如果我說他是個麵包師傅，那麼你對他就有一定程度的瞭解：你會大略知道他的工作場所與工作性質，會用到那些材料，做出什麼產品等等。

由於過去經驗的累積，「麵包師傅」這個職業名稱自然讓我們產生許多聯想；而專有名詞「貝克」除了是一個人名之外，並不具備其他意義。所以在貝克／麵包師傅的實驗中，「麵包師傅」很容易讓人在收錄時應用到既有的聯想與知識，而「貝克」卻無法產生這樣的效應。

一旦瞭解專有名詞與所有者的特性沒什麼關聯後，就會明白爲什麼記住一個新的人名是多麼不容易。這也可以解釋爲何記憶的空白多半發生於專有名詞，因爲和普通名詞相比，專有名詞比較難和相關的概念、知識或聯想整合起來。再來看看感知心理學家布瑞達特（Serge Brédart）和范倫坦（Tim Valentine）一項有趣的實驗。他們讓受測者看一些卡通與漫畫人物，其中有些名字很能彰顯角色的性情，如壞脾氣（Grumpy），白雪公主（Snow White）、守財奴（Scrooge），另外一些名字則不具有特殊意義，如阿拉丁、瑪麗・包萍、皮諾丘等等。雖然受測者對這兩組角色同樣耳熟能詳，不過前一類名字比較不會令人有一時想不起的現象。

在現代西方文化中，名字很少含有特殊意義，但在其他文化中卻不見得如此。例如，亞利桑那州的約門（Yuman）印第安部族，常以嬰兒出生當時當地的特殊景像命名；在某些希臘村落中，富農常以重要的宗教儀式爲姓氏，中產階級以父親的名爲姓氏，而貧賤的牧羊人則多半以俚俗的綽號爲姓氏。在這些文化中，名字能反映出個人的一些特質，因此或許不致像西方社會那樣容易發生忘記名字的狀況。

爲了進一步瞭解專有名詞爲何比普通名詞容易產生短暫空白，一些理論模型致力於探討兩者所運用到的知識類別有哪些差異。首先，我們來考量三項基本元素：一是人或物的視覺特性（visual representation）——書本的長方形、小刀的銳利刀鋒、或是同事馬丁稀疏的黑髮與大鼻子。「麵包師傅」的視覺印象乃是融合了你曾接觸過的一些麵包師傅的形貌、特質與相關環境等等；而「約翰・貝克」的視覺印象，可能包括他的臉型或是一些外表特徵，如戴一副角框眼鏡，蓄有綣曲的灰鬍子等等。

其次是概念特性（conceptual representation），像是某件東西的功能，某個人所從事的工作，或是任何與之相關的日常瑣事。由「麵包師傅」引發的概念聯想包括「在廚房工作」、「烤麵包與蛋糕」、「很早起床工作」等等；而「約翰・貝克」的概念聯想則是「律師」、「社區代表主席」、「高爾夫球好手」等等。

第三是音韻特性（phonological representation），構成名詞的各個音節是哪些。例如

「Baker」這個字的發音分爲兩個音節：「Ba」、「Ker」。「Baker」與「baker」的聲音特性完全相同。

如果你看到約翰．貝克時，腦中浮現的只有視覺印象，那麼會覺得他的面孔十分熟悉，可是卻想不起他的名字或是其他的資訊。如果你腦中又喚起了概念聯想，除了面孔熟悉之外，你還知道他是住在附近的律師，喜歡打高爾夫球，卻還是想不起他的名字。

許多記憶模式都顯示，腦海中首先浮現的多半是視覺與概念特性，其後才會輪到音韻特性。這多少說明了爲何你通常記得某個人或物的相關資訊，卻偏偏想不起名字來，但相反的情況——只記得名字卻忘記其他特質——卻絕無僅有。舉例而言，一些日誌記錄的研究顯示，受測者常會記得一個人的職業，卻想不起此人的名字，但相反的情形卻從未發生。在一些以名人照片爲測試的實驗中，受測者可能想不起「卻爾頓．希斯頓」的名字，卻通常記得他是演員；而叫得出卻爾頓．希斯頓名字的受測者，全都知道他是演員。因此，當你一時想不起約翰．貝克時，還是很可能記得他是律師，喜歡打高爾夫球；如果你叫得出約翰．貝克的名字，就不大可能不記得他的一些個人特質。

如果多階段的記憶浮現過程中，姓名的檢索是最後一步，那麼也難怪看到一個熟悉的面孔時，我們腦中雖然喚起許多相關資訊，卻還是叫不出名字。不過以上的分析架構並未點出爲什麼空白多半發生於專有名詞而不是普通名詞。爲了辨明此點，還是有必要再加入另一層次的分析。

以一般的語言處理模型而言，介於概念層次與音韻層次之間，還存有另一環節，我稱之爲「字彙」(lexical) 層次，這是指某個單字或名字如何被運用到較大的語言表達（如句子）之中。就概念層次與字彙層次之間的聯結來看，專有名詞與普通名詞有重大相異之處。

心理學家柏克（Deborah Burke）與麥凱（Donald Mackay）所導出的模型，顯示各項特性之間形成相互關連的網絡，如下頁圖3.1所示。以普通名詞「baker」而言，視覺特性連繫到的概念聯想有「在廚房工作」、「烤麵包」和「需要早起」，這三項概念特性又直接連到字彙「baker」，最後連到音韻特性（音節）。從這個圖形可以說明，當我們看到一位麵包師傅時，首先會啓動視覺印象，進而聯想到某些概念，而每一個概念在腦海中被喚起後，共同指向一個字彙，也就是「baker」。此時對這個字彙的感受逐漸加強，進而激發音韻特性，「baker」這個字便脫口而出。

然而專有名詞的情況卻不同，每一項概念聯想都指向單一而特定的個人身份——也就是心理學家楊格（Andrew Young）所稱的「個人身份結」（person identity node）。因此圖中「律師」、「社區代表主席」與「高爾夫球好手」這三個概念，都連結到個人身份結，「約翰・貝克」。也就是說，我們對「約翰・貝克」所有的資訊，都匯集起來指向他這個人。

接下來才是專有名詞與普通名詞的最大差異所在：個人身份

圖 3.1

名詞的特性

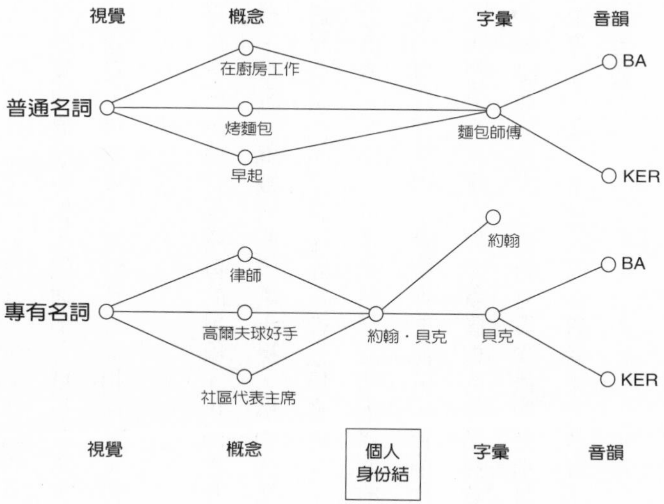

結（約翰・貝克）與字彙特性層次（約翰與貝克）之間，僅靠脆弱的單一連結，因此在記憶檢索時比較會出現差錯。雖然腦中早已浮現視覺與概念特性，然而卻怎麼也想不出這個熟人的名字。對比之下，普通名詞具有多元連結，所有概念特性都直接指向字彙特性「baker」，當然比較容易引發回憶。

這個模型亦能協助說明爲何上了年紀的人更常發生記憶短暫空白的現象。正因專有名詞的概念特性與字彙特性之間的連繫過於薄弱，很容易就被一些因素干擾，例如認知過程遲鈍等。許多研究報告顯示老年人的認知過程會減慢，也許是因爲神經傳導速度下降之故。依據柏克和麥凱的研究，最常發生叫不出名字的場合，是乍然見到久未謀面的故人之時。如果時常見到某人，會激發有關此人的概念特性與字彙特性的記憶，並強化兩者間的連結。相反地，如果長時間未見到某人，概念與字彙間原本就脆弱的連結將會更形危殆。此外，老年人通常比年輕人有更多久未謀面的熟人。由柏克與麥凱的一項日誌式實驗可以看出，叫不出名字的對象大都是至少好幾個月未見的人；對老年人而言，幾個月就算是間隔很久的了。

由柏克與麥凱的實驗確認，專有名詞與過去知識或聯想之間缺乏較直接的連結。不過除此之外，專有名詞在回憶時特別容易卡住的現象，可能還另有其他原因。就專有名詞而言，只有獨一無二的聲音表達——如一個人正確的姓名。然而，普通名詞卻有許多同意字可代替，例如就算你想不起「davenport（沙發）」，還是可以用「couch」、「sofa」等字眼。某一樣東西也可以用不同的層次來形容，好比看到一輛車，你可說它是一輛「Accord」、一輛喜美，或是概括一些說是轎車、汽車、車子等等。因爲有這些多樣化的稱呼，讓我們在提到它時不怕想不到適合的字眼。

回想某個特定稱呼時，是否特別容易卡住？爲了驗證起見，布瑞達特讓受測者指認一些演員的照片。其中一些明星本身很有名，他們劇照中的角色也同樣廣爲人知，例如哈理遜・福特／印第安那・瓊斯、史恩・康那萊／詹姆士・龐德；另一些明星在照片中的角色就不如本人來得有名，如李察・基爾／查克・梅友和茱莉亞・羅勃茲／薇薇安・伍德。測驗中，受測者看到照片時，可以選擇說出演員名字或是角色名稱。雖然兩組明星同屬家喻戶曉的大牌，不過比較起來，前一組卻更少出現讓人想不出名字的情況。

這樣的發現應該會讓研究跨文化的人頗感興趣。前面曾提過，在某些文化中，名字可以代表一個人的特質。還有一些地方，一個人可能有幾個不同的名字。在某些非洲部落，除了用嘴巴叫的名字，還有用哨音、鼓聲表達的名字，有時不同的家族成員也會用不同的名字來稱呼同一個人。在某些印第安部落，生命中不同階段可以更換名字。根據布瑞達特的實驗結果推斷，在這些社會中叫不出名字的機率想必沒有那麼高。

雖然叫不出熟人的名字有時讓我們感覺不好意思，甚至到惱人的地步，但這畢竟屬於例外的情況。就算最常出現記憶空白的族群——年過七十的老人——平均一個月也不過兩三次。然而對一小撮人而言，難度最高的認知任務就是叫出熟人的名字。對這些人說來，叫不出名字已成爲家常便飯。

一個名字也叫不出

一九八八年七月，一位在五金行工作的四十一歲義大利男子出了車禍。這位在醫學文獻中代號ＬＳ的男子，大腦左半球的額葉與顳葉有部分受損。幸運的是，ＬＳ的大部分認知能力並未出現問題，他的語文能力正常，說話十分清晰流利，在語文測驗時仍然得到高分。此外，他的感受、記憶和一般智力也未受什麼影響。

然而這次意外的確造成了特殊且令人無奈的問題：ＬＳ可以說出普通名詞，卻幾乎完全叫不出專有名詞。當他看到熟人，雖然很容易就認出來，卻叫不出名字。實驗結果顯示，他對普通名詞與專有名詞的反應呈現兩極化。對實驗中的五十個普通名詞，他可以毫無困難地脫口而出；然而對於二十五張一般人耳熟能詳的臉孔，他卻只能叫出兩個名字。其實這些名字並未從他記憶中消失，因為在他看這些名人照片時，如果出示幾個名字讓他選，他可以挑出正確答案。對於那些想不起來的名字，一旦研究者唸出來，他也可以立刻正確地重覆。然而不論怎麼努力，光是看到臉孔或提示細節，LS依然叫不出那個人的名字。

除了人名之外，還有一些其他的專有名詞也會發生同樣的問題。舉例而言，當研究者指向地圖上某處或是描述某個地方的特徵後，LS還是想不起來那個城市或是國家的名字。不過，雖然LS叫不出這些人或地的名字，但對相關資訊倒能如數家珍。舉例而言，看到某個叫不出名字的臉孔時，他卻知道此人是首相；告訴他某個城市或國家，他可以在地圖上指出正確位置。他好像一直處在「話在舌尖」的狀態中，至少看到熟悉的人或地時的確如此。

腦部受損後叫不出專有名詞，LS算是頭一批有記錄的案例——目前這種症狀被稱爲「專有名詞異常」(proper-name anomia)。自從一九八九年LS的病例公開發表後，陸續出現一些類似的患者，其中某些和LS一樣，對人名與地名都叫不出口，某些只有人名的問題。心理學家韓理(Richard Hanley)和凱伊(Janice Kay)綜合所有案例之後得到一個結論：只有叫不出人名情況十分嚴重的患者才會叫不出地名；人名問題較輕微的患者往往在地名上沒什麼問題。由此可見，記住地名不像記住人名那麼困難。這項結論也適用於健康的人，通常叫不出人名的情況要比叫不出地名來得多。

專有名詞毛病常會令患者沮喪萬分，因爲他們明明對這個人物或地方知之甚詳。某一位患者在四十個名人當中僅能叫出兩個名字(正常人平均爲二十五個)，然而卻能說出其中三十二位名人的職業，和正常人不相上下。

前面解釋過，由個人概念特質到叫得出正確名字的音韻收錄之間，只繫於脆弱的單一連結，正常人都難保不出差錯，何況是專有名詞異常的患者。這些患者仍然可以認出熟悉的面孔、記得有關此人的基本資料、選出與臉孔搭配的名字、正確覆誦出來，而對於普通名詞也沒有記憶障礙。但是碰到要由自己口中說出專有名詞，他們就幾乎完全無能爲力。

由此看來，只要瞭解這些患者腦部受損部位，即可找出大腦中負責從概念資訊檢索專有名詞的部位何在。就所有醫學記錄看來，所有專有名詞異常患者都是左腦受損，雖然確實位置會略有差別，然而顳葉端（temporal pole）受損的現象相當普遍。在神經科學家達馬西歐夫婦（Hanna and Antonio Damasio）的研究中，一百多位左腦顳葉端受損者，大都有專有名詞異常的症狀。

針對一般正常人所進行的神經造影研究，可以獲得更進一步的證據：在PET掃描中，回憶專有名詞時左腦顳葉有幾個部位趨於活躍，顳葉端也在其中；而回憶普通名詞時有些相同部位也有活動增加的情形，不過多半是集中在顳葉更後方。由此可見，左腦顳葉在記住專有名詞上確實扮演要角。

卡在舌尖的字

格林威治位於英國倫敦的東郊，以全球標準時間而聞名於世。一九九〇年代末期，格林威治又因新建千禧巨蛋而受世人矚目。這棟所費不貲的巨形建築將成爲歐洲最大的運動比賽與娛樂演出場地之一。英國副首相普瑞斯考（John Prescott）在一九九八年一月出席倫敦青少年會議時，當著數千位與會的青少年代表，答覆該如何因應興建巨蛋所耗費龐大而不斷追加的預算。「這些經費可由……你知道……就是那個叫什麼的……」佩斯考特在慌亂之下開始結巴。他突然講不出「lottery（樂透）」，卻在情急之下蹦出「raffles（獎券）」這個字。面對台下的笑聲與嘲弄，佩斯考特試圖表現他其實知道這個自己叫不出名字的東西是什麼，於是無奈地說：「我自己不會去簽。」此時大會主席傾身向前小聲提示：「樂透彩券。」然而為時已晚，次日《泰晤士報》還是把佩斯考特的窘態大肆消遣了一番。

一九六六年哈佛心理學家布朗（Roger Brown）與麥克尼爾（David McNeill）首先就此一現象進行調查，並且對受測者發生「卡在舌尖（tip-of-the-tongue，簡稱 TOT）」的情況做了生動的描述，對此佩斯考特必定深有同感。根據布朗和麥克尼爾的觀察：「毫無疑問，此時受測者會感到難受，就像想打噴嚏卻打不出來；一旦終於想到了那個字怎麼說時，會很明顯表現出鬆了一口氣的神情。」依據受測者日誌記錄看來，大學生平均每個星期有一到兩次卡在舌尖的經驗，老年人是二到四次，中年人則介於二者之間。最常卡在舌尖的是人名，不過有時候是其他專有名詞，如地名、書名、電影片名、旋律熟悉的歌名，或是普通的單字等等。

名字或單字卡在舌尖可說是人人都有過的經驗。認知心理學家舒瓦茲（Bennett Schwartz）研究五十一種不同的語言，其中有四十五種形容這種感覺時都提到「舌」字。包括義大利、非洲、愛沙尼亞、印地安部落等語言，都有與「卡在舌尖」類似的語詞，其中最富詩意的要算韓語中的形容，「在舌的盡頭閃爍」。

爲何類似「卡在舌尖」的形容方式如此普遍？也許一方面是因爲貼近布朗和麥克尼爾所形容的「噴嚏打不出來」的感覺，加上自知對這個卡住的字所知甚多，好像就要脫口而出。布朗和麥克尼爾以及其他一些學者曾經在實驗中，引發受測者產生卡在舌尖的現象。他們會列出一些冷僻單字的定義，請受測者答出這些單字爲何。

研究者發覺，一般人對卡在舌尖的單字，往往知道開頭的字母是什麼，但較少記得最後一個字母，想得出中間有那些字母的就更少。他們通常也知道這個字有幾個音節，有時甚至還說得出文法上的一些特性。一些研究特別以說義大利語的人爲測驗對象，因爲義大利文與英文不同，名詞有陰性與陽性之分，而且這種詞性在文法上有重要意義，相關的冠詞與形容詞都取決於此。不過，名詞的詞性與字義並不相干，如「sasso」與

「pietra」都是「石頭」的意思，但前者爲陽性，後者爲陰性。這些實驗結果發現，對卡在舌尖的單字，受測者經常能正確說出詞性爲陰性或陽性，也就是對獨立儲存於聲音與字義之外抽象的字彙資訊，他們能回想起來。前面提過，專有名詞異常患者知道某人的點點滴滴，就是想不起名字；同樣地，一般名詞卡在舌尖的現象中，你幾乎想得到與這個單字有關的一切，但卻說不出那個字來。

當卡在舌尖現象發生時，一般人也常會在腦中浮現出一些同音或同義字。普瑞斯考副首相想說「lottery」，卻說出「raffles」。還有一些實驗是播放一九五○與六○年代電視影集的主題曲，請受測者說出影集名稱。有些人想不出《小英雄》，結果說成《小淘氣》。某些學者甚至提出一種假設，認爲字彙卡在舌尖時如果出現相關但不正確的字眼，反而會阻礙思緒。依據四十多位受測者四星期日誌式的記錄，他們發生字彙卡在舌尖現象時，半數以上會不時浮現一個同音或同義的字。根據受測者自己的判斷，這是因爲他們最近比較常接觸到這些代替性的字。研究者因而推測，正是因爲這些相關字占據腦海中，以致於在檢索目標字眼時受到壓抑而想不出來。

童話灰姑娘的故事中，兩個討厭的姊姊想假冒玻璃鞋的主人，騙取王子的好感。英國心理學家瑞森（James Reason）因而把干擾思緒而讓人找不出想表達字眼的同音或同義字，稱爲「惡姊姊」（ugly sisters）。正因爲它們和關鍵字關係如此密切，更容易引人注目而產生干擾。一九八〇年代末期有一些實驗顯示，惡姊姊的確可能是卡在舌尖現象的元兇。

然而，惡姊姊的假說最近受到嚴苛的檢驗。某些研究以更精密的條件控制實驗進行，使惡姊姊一說逐漸站不住腳。其中一些研究顯示，惡姊姊與卡在舌尖現象並無關聯。還有一些研究把英文單字區分爲發音普遍和發音獨特兩類。例如「pawn」和「cold」這兩個字，聽起來與許多字類似，而「public」與「syntax」的發音就相當獨特。如果說發音類似的惡姊姊容易造成卡在舌尖的現象，那麼發音較普通的字應該比較會發生，然而實驗結果卻正好相反。研究者還發現，不論發音是否獨特，比較不常用的字如「pawn」、「syntax」，比常用字如「public」、「cold」更容易有卡在舌尖的現象。

雖然這些結果不利於惡姊姊假說，卻頗符合稍早曾提到的柏克與麥凱模型，也就是：孤立而缺乏關聯的知識，特別容易導致記憶的短暫空白。在他們的模型中，發生一片空白與卡在舌尖的現象，是因爲概念特性與字彙特性的連結十分脆弱，以致較難引發音韻特性而唸出字音，這種情況在名字上特別明顯。同樣地，日常生活中不常用到的字，在字彙與音韻上的的聯繫比較脆弱，自然容易造成卡在舌尖的現象。有些研究發現，最可能忘記的名字是近期內未曾接觸到的人，其實與這種理念也相當一致。因此，如果在單字測試前先讓受測者複習一下比較冷僻的單字，那麼測試時卡在舌尖現象應該會減少。經過柏克與研究夥伴的實驗證明，結果確實如此。

如果惡姊姊並非誘發卡在舌尖的主因，那麼它是否扮演任何角色呢？柏克與麥凱認爲惡姊姊可能會讓字彙卡在舌尖的時間拉長。如果我們一時想不起某個久未使用的單字而處於卡在舌尖狀態，此時腦中卻浮現出發音類似的單字，那麼我們的注意力一定會受到影響，使卡在舌尖狀態很難消除。不幸的是，通常我們反而會很歡迎惡姊姊，因爲這讓我們有「接近」目標的安慰，認爲卡在舌尖的窘況很快就可以排除。於是我們讓惡姊姊反覆在腦中盤旋，希望由此帶出關鍵字，但其實這種策略可能造成適得其反的結果。

惡姊姊並非誘發卡在舌尖的原因，只是扮演事後推波助瀾的角色，這種看法能協助我們釐清年齡與字彙卡在舌尖的關係。由實驗結果得知，老年人比較容易發生字彙卡在舌尖的現象，但另一方面，老年人也較少製造出惡姊姊。如果惡姊姊是誘發卡在舌尖的主因，那麼這種現象在老年人應該比較少見才對。另外還有一些研究結果顯示，當老年人陷入卡在舌尖狀態時，比較想不起與目標字相關的資訊——第一個字母、有幾個音節等等——而是腦中如同「一片空白」，而年輕人通常會吐出一連串片段資訊或惡姊姊等等。

片段資訊可以提供線索，讓我們最後得以成功解決字彙卡在舌尖的困擾。惡姊姊雖然可能轉移注意力，但如果與目標字發音類似，有時也會像片段資訊一樣提供有用的線索。柏克與麥凱舉過一個例子：某人想不起加州一個小城歐海（Ojai 發音爲 oh-hi）的名字，於是喃喃咀咒道：「見鬼（oh hell）。」當這句話脫口而出時，類似的發音居然使他聯想起苦思不得的名字。「oh hell」並不是加州其他城市的名字，所以不在記憶搜尋範圍內，也就不至於產生惡姊姊的干擾效應。所以和老年人相比，年輕人雖然比較容易受到惡姊姊的干擾而使苦思的時間加長，卻也有可能在思索過程中巧遇有用的線索而快速解決困境。

也許因爲惡姊姊會干擾注意力，所以遇到字彙卡在舌尖狀況時，有些人會建議你暫時想些別的事，在避開惡姊姊的阻礙後，也許目標字反而會突然自行浮現於腦。像我的一位朋友一直想不起某個單字，她的母親就叫她暫時想想巧克力蛋糕好了。其實根據實證資料顯示，有三分之一到二分之一卡在舌尖的情況，最後是因目標字忽然之間從腦海中「蹦出來」而解決的。其他解決之道是搜尋線索——順著字母從頭想一遍或模擬相似的發音——或是藉助外部資源，如字典或百科全書等等。

苦思不得的字忽然「蹦出來」，或許是因爲惡姊姊的勢力隨著時間而逐漸淡化之故。也有些人認爲，這種「蹦出來」的答案，其實是反映潛意識中一種「醞釀」過程的結果：表面上注意力已轉移到別的事上面，但我們的心智仍不自覺地在思索答案。不過這種說法缺乏有力的證據，而且我懷疑許多看似「蹦出來」的答案，其實也是受到某項線索提示的結果，只是我們沒有察覺到而已。因爲答案突然湧現時的欣喜，很容易使人忽略了觸動靈感的提示。但如果在實驗室內進行研究，請受測者在努力排除記憶瞬間空白的同時，不忘觀照自己的思考過程，那麼最後會發現，絕大多數解決之道都是靠有意識的自我提示，幾乎看不到什麼「蹦出來」的答案。也許是實驗室的環境單純，受測者全然專注於本身的認知過程，因而能注意到啓動回憶的微妙線索。

有關字彙卡在舌尖困境的研究，對於克服日常生活的記憶空白也有啓示作用。許多卡在舌尖現象都能在幾分鐘之內自行解決，因此碰到記憶暫時空白時，不妨靜心等待，或自我解嘲地加上一句「年紀大了」，應該是比較沒有負擔的解決之道。就算無法在短時間內解決字彙卡在舌尖的現象，也最好不要輕言放棄，因爲根據實驗顯示，努力回想的時間愈久，愈有可能想出忘記的名字。

然而如果回到本章一開頭時提到的例子，你想不起熟人的名字，又不好意思讓別人察覺，希望自己能儘快地想出來，這時又該如何？如果你連開頭的字母或有幾個音節都想不起來，那麼或許可以在心裡依序唸過二十六個字母。實驗顯示，如果看到一張著名的面孔卻想不起名字，那麼提示名字的第一個字母通常比提示他的職業有效。如果已經想起名字的第一個字母，不妨回想一下上次見面時叫出他名字的畫面。儘量避免惡姊姊的虛幻誘惑，因爲其中一些發音類似的字彙雖然可以激發靈感，可是沒完沒了地重覆明知錯誤的單字或名字，反而會耽誤了脫困的時效。

如果不想忘記別人的名字，最好採取積極的策略。由於專有名詞本來就比較不容易記住，因此我們可以花一點心思，把所有來往對象——尤其是不常碰面者——的名字有系統地整理一番，爲原本沒有意義的姓名符號添加意義。必定要想出一些有效的記憶方法，讓自己不容易忘記。舉例來說，如果你的稅務會計師的名字是「Bill Collins」，本身並沒有特別的意義，而且你一年只會碰到他一兩次，所以你可能很容易忘記他的名字。不過，你可以把這個名字推敲一番，讓它變得有意義：想像這位會計師口袋裡的一張鈔票（bill），讓一頭淘氣的牧羊犬（collie）給叨了出來。運用這種收錄資訊技巧，可以強化概念與音韻間原本脆弱的連結，因此能用來記住新名字，或是加深對舊名字的印象，減少日後再發生忘記名字的困擾。

重現被壓抑的往事

一九九八年三月，多倫多法庭判決二十歲的女子安東妮（Cynthia Anthony）無罪，她原被控謀殺剛出生二十三天的嬰兒。三月十九日《多倫多太陽報》頭條標題是這位年輕媽媽爲自己辯護的基本理由：「媽媽宣稱：我不記得跌倒。」安東妮說當時她被有線電視的纜線絆倒，以致於手中的嬰兒掉到堅硬的磁磚地上。然而當事發後警方詢問案情時，她並未提到這一點。安東妮在法庭上解釋，這是因爲悲劇發生後自己「十分震驚」，以致於這一段經驗在記憶中「被卡住了」。她向法官解釋，這一段記憶是悲劇發生的幾個月之後，當她翻看嬰兒照片時才又回到腦中。在她提出辯解的第二天，一位精神科醫師作證時支援她的說法。太陽報的標題是：「醫生指稱——記憶有可能出現暫時空白。」那位醫生確認：「這種難以承受的悲哀，的確容易造成她產生暫時失憶的現象。」

想不起久未見面友人的名字或忘記某個不常用到的字是一回事，但遺忘幾個小時甚至幾分鐘之前才發生的重大創傷又是另一回事。空白是否也會發生在與個人經驗有關的情節記憶中——甚至是衝擊性很強的創傷？

有些證據顯示，在某些特殊條件下的確可能發生這種狀況。安東妮敍述的失憶——選擇性地全然遺忘數分鐘、數小時或幾天之前剛發生的某一小段經歷——並非十分罕見，只不過多數發生這種狀況的患者腦部都曾經受損。在第七章裡我會提到恰好相反的現象，有些人對創傷經驗不但不會忘懷，反而記憶愈見鮮明。一般而言，想不起不久之前才發生過的事，是因爲腦部受傷、受到酒精或藥物的影響，或是曾暫時失去知覺。在這類情況之下，失憶並非由於記憶暫時空白，而是事件發生時並未做適當的收錄之故。無論如何，多倫多的法官採信安東妮宣稱記憶短暫空白的辯解，宣判二級謀殺罪不成立。

撇開重大創傷事件不談，一些比較平凡無奇的實驗倒是證實：暫時空白的確也會出現在情節或事件記憶中。假設受測者先看了一串和鳥類或水果相關的字彙：蘋果、金絲雀、知更鳥、梨子、烏鴉、香蕉等等。在隨後的記憶測驗開始前，研究者會由原先字彙中抽出幾個作爲提示，如梨子、金絲雀，然後請你說出其他曾看過的字。你認爲有了提示的效果是否會比沒有提示要好？直覺上答案應該是肯定的——然而令人驚訝的是，實驗結果正好相反。這些提示似乎扮演了類似「壞姊姊」的角色，妨礙記憶對其他字彙的搜尋。

一些實驗還顯示，如果你在記憶中檢索過某一項資訊，可能會妨礙稍後回憶相關的資訊。舉例來說，你先看了幾組相關字，例如紅色／血液、食物／櫻桃蘿蔔（radish）。如果測試前先提示「紅色」，並告訴你相關字是「血液」。經過這一提示之後，你會將「紅色」與「血液」牢牢記在一起，下次一聽到「紅色」，你很快就記起相關字是「血液」。然而值得注意的是，如此一來，稍後聽到「食物」時，答出「櫻桃蘿蔔」的困難度會升高！因爲當你進行紅色／血液的記憶時，也會壓抑對其他剛接觸過的「紅色事物」的聯想，以確保這組相關字不會遭到混淆。不過這種壓抑卻有副作用：紅色的「櫻桃蘿蔔」會遭到池魚之殃，使受測者聽到「食物」之後，想不起來該如何回答。

記憶的壓抑與排擠

這種記憶因檢索而引發的壓抑現象，是否僅發生於字詞測驗中，還是日常生活裡也常見得到？試想你正翻閱到歐洲旅遊的相簿，一張西敏寺大教堂的照片令你回想起那裡的彩色玻璃花窗；如果此時要你描述巴黎聖母院的花窗式樣，你是否會覺得比較困難？與我共事的心理學家庫茲塔（Wilma Koutstaal）曾經做過一些實驗，顯示這樣的狀況的確可能發生。先讓受測者進行一些簡單的動作，例如在木板上釘釘子、從地球儀上指出澳洲等等。然後他們會看幾張相片，相片中的人也做著他們剛做過的某些動作，以加強他們對這些動作的印象。有趣的是，看過這些相片之後，對於其他未出現在相片上的動作，事後比較難回想起來（對照未看任何相片即接受測試的結果）。

類似的情況還可能發生在重要的法律事項中，那就是目擊證人的回憶。警方問案的典型方式，是選擇性地就案件特定層面提出問題。目擊證人爲回應這些問題而反覆回想之後，對於未包括在問題中的其他層面，是否會受到壓抑而比較想不起來？這可能導致相當嚴重的副作用，因爲警方稍後可能轉換辦案方向，需要釐清一些原先未曾偵訊的問題。

在一項模擬目擊證人反應的實驗中，受測者先觀看犯罪現場的彩色投影片——一間遭竊的學生宿舍。隨後研究者會針對現場物件選擇性地提出一些問題，他可能會問到繡有校徽的毛衣，卻略過其他毛衣，也不提室內其他種類的物品，如筆記本之類。隔了一陣子之後，如果讓受測者再回想現場狀況，那麼記憶最清晰的是繡有校徽的毛衣，對筆記本的印象不受影響，但對其他毛衣的記憶則變差。由此可見，如果回憶時特別強調某類事物中的一部分，會對同一類別中其他部分的記憶形成障礙。

奧瑞崗大學的心理學者安德生（Michael Anderson）提出一項理論：針對某一特定線索，如果我們只選擇性地檢索一部分記憶，那麼未被檢索的部分記憶會受到壓抑。假設你和昔日室友愉悅地緬懷往事，聊起過去的種種，那些你們沒有提及的共同經驗，在這個回憶過程中就形同受到壓縮排擠。

安德生認爲這個理論還能幫助瞭解一個廣受討論的現象，就是忘卻或突然憶起童年遭受的性侵害。通常這樣的經驗會埋藏在當事人心中數年甚至數十年未被觸及，只有在心理治療或突發誘因刺激下，這類對精神衝擊相當嚴重的往事才會被再度喚起。九〇年代對於這個議題的討論逐漸熱絡，而且經常趨於惡質化。起先這方面的爭議呈現兩極化，一派認爲這種回憶相當確實，另一派卻認爲多屬虛構。雖然目前各持己見的現象仍然存在，但最近的一些討論卻主張真假均有，而且希望能找出箇中的原由。本書第五章會再詳細討論虛構童年回憶的現象。

令人驚訝的是，在兒童性侵害案例中，施暴者若是家庭成員，受虐者暫時忘懷這段回憶的機率較高。爲什麼會有這種現象？安德生對此提出一項可能的解釋：如果施暴者是父母或是平日負責照顧孩童生活的人，受害兒童在成長過程中身心依然強烈依賴這位長輩，因此有必要維持正常生活中的關係。不愉快的回憶只會帶來焦慮與疑惑的心態，不如喚起較爲愉快的親情經驗，使彼此關係能運作下去。安德生指出，如此一來，受虐兒童會選擇性地略過不愉快的創傷，僅回想起其他較美好的經驗。這種情況有可能造成記憶部分受阻，而這類記憶空白在童年創傷的個案中，究竟扮演什麼角色，仍有待進一步的探索。無論如何，安德生的假說相當合理，值得進一步實地驗證。

忘記童年受創經驗，並非全然與施暴者爲家庭成員有關。舉例而言，匹茲堡大學的心理學家史庫勒（Jonathan Schooler）曾詳細地記錄過一椿案例，主角是一位簡稱ＪＲ的三十歲男子。他看到電影中一個飽受性侵害回憶折磨的角色時，突然感到不安。當天晚上，一段令JR震驚的回憶突然鮮明地在腦海中浮現，那是他十二歲露營時遭到教區牧師性侵害的畫面。依據史庫勒的判斷，JR多年來從未想起過這段往事。JR自己也說：「如果我走進放映這部電影的戲院時，門口有人對觀眾做調查，詢問『你或你所認識的人是否曾有受性侵害的經驗』，當時我一定會毫不考慮地說『沒有！』」JR的案例發生在一九八六年，當時對這項議題的探討並未像九〇年代一樣普及，而當事人的描述是：「我簡直不知該怎麼形容，你知道，就是內心非常混亂。這段突如其來的記憶十分鮮明，然而……我從來不知道一個人可以這樣壓抑記憶。」

記憶的禁地

爲什麼JR對於性侵害的回憶可以遺忘這麼久？無疑健忘扮演了部分角色——記憶會隨時間褪色——然而乍現於JR腦海中的回憶卻十分鮮明，證實健忘並非主因。這種現象可能是受到所謂「指示性遺忘」（directed forgetting）的過程所引起。在一項實驗中，受測者看過一些字串後，接到指示要記住某些字，並且要忘記另外一些字。結果在稍後的記憶測試中，受測者果真比較記不起來那些受指示要忘掉的字。加州大學洛杉磯分校的心理學家伯克（Robert Bjork）和研究團隊認爲，造成指示性遺忘的的原因，可能是出於「記憶檢索禁制」（retrieval inhibition）的作用。一旦出現強力的提示線索而「打破」這種禁制，就會帶領我們重溫當年的事件。以ＪＲ爲例，他可能刻意要忘記這段不愉快的經歷，於是也真的有很長一段時間壓制住相關的回憶。直到電影中的某段情節觸動了他當年所感受的情緒，記憶才突破禁制如潮水般湧出。

「記憶檢索禁制」常會拿來與佛洛伊德的「壓抑（repression）學說」相提並論。而「記憶檢索禁制」是否只是將佛洛伊德欠缺實證的想法重新包裝？其實不然。佛洛伊德的壓抑學說涉及心理防衛機制，作用在將引發情緒不安的事物驅逐於意識的覺察之外。然而當代學者如安德生與伯克所探討的記憶檢索禁制，是個更爲廣泛的架構，兼及情緒性與非情緒性的經驗。

不過，現代學說與佛洛伊德的理論仍有許多有趣的交集。舉例而言，倫敦大學臨床心理學家梅爾斯(Lynn Myers)和布魯文(Chris Brewin)以某些「壓抑人格者」(repressor)爲對象來研究記憶檢索禁制。壓抑人格者往往在生理量度上出現高度情緒反應時，還堅稱自己的焦慮或壓力程度不高——一邊臉頰漲得通紅，一邊卻說自己沒有什麼不對勁。一般而言，壓抑人格者可歸類爲「防衛型」的人。許多研究證明，他們和正常人相比，較少回憶生涯中負面的往事。

梅爾斯與布魯文讓受測者過目一些令人愉快或厭惡的單字，同時下達指示性遺忘的指令。如果指示遺忘的是令人厭惡的單字，記憶檢索禁制的效果在壓抑人格者身上特別明顯；但對於令人愉快的單字，壓抑人格者與正常人的表現並沒有差異。

壓抑人格者運用記憶檢索禁制來阻絕不愉快的往事，究竟能做到什麼地步？他們會像被控謀殺嬰兒的安東妮，忘記不久前才發生的悲劇，甚至忘掉一大段的生命經歷？目前對這個問題並沒有確切的答案。然而我們的確知道，許多記憶檢索禁制發生在心因性健忘症（psychogenic amnesia）患者身上，他們在承受各式心理壓力之後，把自己過往的一大段經歷全然遺忘。這類病患有能力記住新發生的事，但對自己發病前的經歷沒什麼記憶——甚至不記得自己是誰。這類患者以往大都被歸類爲患有精神方面的疾病，但最近應用神經造影技術的研究，開始讓我們能夠由神經機能的觀點來一窺這個問題。

異常的腦部活動

最近有一個來自德國的個案，提及一位簡稱ＮＮ的病患突然離家失蹤，數天後出現在數百英里外的城市，當時他說不出自己是誰，對過去的記憶也幾乎蕩然無存。最後他被送進當地的一家醫院，也循線找到他的家人。ＮＮ在失蹤前承受著多種壓力，不過並未有腦部受損的跡象。ＮＮ接受ＰＥＴ掃描，一面聆聽有關他過往經歷的描述。正常人在聽到自己印象深刻的往事時，右腦半球，尤其是額葉後部與顳葉前部會呈現活動增加現象。然而ＮＮ右腦的活動並未增加，反而只有左腦額葉與顳葉的一小部分有活動增加的現象。這些掃瞄結果令人特別感興趣，因爲有其他研究顯示，患有神經性疾病的患者，如果會忘記過去許多經歷，卻能記住新發生的事，通常意味右額葉後部與右顳葉前部受到了傷害。

更近期的一項ＰＥＴ研究報告，是由倫敦認知神經科學研究所（Institute of Cognitive Neurology）提出，提供了更進一步的訊息。患者ＰＮ在四十多歲時因腦出血而使左腦額葉受損，而稍早他生活上也曾飽嘗不如意，包括離婚、工作不順，甚至破產。也許是身心皆受創傷，PN把腦出血之前十九年間的事忘得一乾二淨。他在接受PET掃描時，一面觀看那十九年間所拍的家庭照片，以及其他時期的照片（他對這些時期的記憶十分正常）。結果他在看那十九年的照片時，右額葉活動顯然不像看其他照片時那樣活躍。前述PN受刺激下應和健康人士一樣活動增加的右腦部分，與PN右額葉活動力較弱的部位所在相近。

另外還有一種有趣的現象，就是PN在看那十九年間的照片時，靠近腦後方中心「類楔狀體（precuneus）」部位的活動增加，而正常人在回憶往事時也會有相同的現象。有些專家認爲，這項活動有可能屬於記憶檢索過程中的最初階段，接下來才由主導並控制檢索過程的額葉來接手，繼續搜尋與回憶的工作。以PN的情況而言，在回憶那十九年間的經歷時，他的額葉控制系統好像關閉起來，所以什麼也想不起來。

爲什麼額葉系統僅僅排斥那十九年間的經歷？既然PN能正確回想起其他時期的事，證明系統功能應屬正常。由於PN生命中許多重大負面事件都發生在這段期間，因此一旦開始檢索這些事件的回憶（類楔狀體的初步檢索過程已啓動），就會激起負面情緒，從而導致額葉系統關閉功能。

由類楔狀體與額葉之間的工作交接，是否可以看到類似記憶空白時的神經運作，就像佛洛伊德學說中的壓抑概念？壓抑人格者在被問及以往的負面事件時，是否也會出現類楔狀體活動增加而額葉系統活動減少的現象？

以神經造影研究記憶暫時空白是近幾年才開始的事，然而卻燃起了我們的信心，冀望藉此能爲這類雖罕見但令人好奇的現象，建構出一些新的觀念或解釋。神經造影也許還能協助診治一些腦部未受損、但卻出現嚴重失憶的的病患。以前醫生多半認爲這類病患是假冒失憶，以逃避法律責任或其他困境。目前還沒有任何儀器可以辨別失憶的真僞，如果透過神經造影可以取得記憶空白時的腦部影像，而且證實與僞裝者間有所差別，那麼醫生就能更有效地針對病情研擬治療方案。雖然要徹底瞭解記憶暫時空白的成因還有一段漫長的路要走，然而造影研究的確爲我們開啓了值得期待的新契機。

第四罪　錯認

我曾到過這裡，
但說不清是何時或如何來：
我認得那門外青草，
那甜美沁人的氣息，
那嘆息的聲音，那環繞海岸的燈光……

〈靈光〉（"Sudden Light"）
——羅塞提（Dante Gabriel Rossetti）

一八九六年二月二十四日，巴黎醫學暨心理學學會的成員們聽到一樁古怪的案例。在一八九〇年代，爲健忘症所苦的人並不罕見，但是這一案例中三十四歲患者路易卻有不同的記憶問題：他記得從未發生過的事。自從幾年前患過瘧疾後，路易就經常在接觸到全新的狀況時，湧起一股熟悉之感。在弟弟的結婚典禮上，他確信自己一年前參加過同樣的典禮。還有某次因情緒問題到一家以前沒去過的醫院就診時，他相信自己以前來過。他首次遇到亞諾（Arnaud）醫生，也就是向巴黎醫學暨心理學會報告他的病例的精神分析師，就堅稱：「醫生，你認得我！去年你也在這個時候、這個房間見過我。你問我同樣的問題，我也回答你同樣的答案。」

聆聽亞諾報告的心理學家與精神分析師，都對路易極感興趣。十九世紀晚期號稱記憶研究的黃金年代，法國的心理學研究在其中扮演要角。雖然我們今日最熟知的是一八八五年德國艾賓豪斯破天荒的實驗，但在四年之前，法國心理學家利博（Theodule Ribot）就已出版了《記憶的疾病》（*Diseases of Memory*）一書，說明腦部損傷或心理困擾如何導致健忘症。他也提到一些案例，雖然當事人記憶並未喪失，但卻是錯誤百出。這些記憶的扭曲被稱爲「錯誤記憶」或「虛假記憶」，當時曾引發一些激烈討論的課題：錯誤記憶在一般人口中有多普遍？是否需要加以治療？這類扭曲只有一種型態，還是有多種？

似曾相識

亞諾報告路易的案例時，只是如實地呈現問題，而不以當時慣用的字眼來稱呼路易的記憶異常。他大膽地倡言：「我認爲最好不用虛假或錯誤記憶之類的字眼，因爲我們所談的現象或許根本與記憶無關。」他提議以一個新名詞來描述困擾路易的症狀：「似曾相識（déjàvu）的幻覺」。他認爲這有別於其他型態的記憶扭曲，其獨特之處就是患者感受強烈，確信目前的經驗的確與過去一模一樣，也感覺自己能準確預知將要發生什麼事。

雖然「似曾相識」成爲大家慣用的名詞是由亞諾開其端，但類似經驗的描述不乏先例。本章最前面引用的羅塞提一八五四年詩作，就捕捉到這種感覺。狄更斯更早在一八四九年的《塊肉餘生記》中，道出類似的經驗：大衛初識烏利亞．希普的場景中，有如下的文字：「他似乎在我面前膨脹成長，他的聲音好像迴盪於整個房間內，我忽然渾身充斥著一種奇怪的感覺（想必每個人對此都不陌生），好像在某個不確定的時間，這一切曾經發生過，而且我知道他接下來會說些什麼。」

亞諾主張路易的似曾相識經驗「或許根本與記憶無關」，究竟有何意義？過去不少的解釋帶有神秘的傾向，推斷這與前世記憶有關，還用來作爲轉世再生的證據，也有人扯到能潛入他人記憶的心電感應。另外還有些解釋沒那麼聳動，認爲似曾相識是目前的經驗誘發了過去某種類似——但並非完全相同——的經驗。不過依照亞諾的看法，似曾相識無關乎記憶錯誤，也不涉及對過往事件的部分記憶。他將之歸類爲一種判斷不良，將當前的感受與經驗張冠李戴，誤植到過去的頭上。

要進一步理解亞諾的想法，我們可以把時光向後快轉一世紀，看看加拿大認知心理學家威特西（Bruce Wittlesea）一九九三年的實驗。受測者首先閱讀一串常用的字彙，然後在接下來的記憶測驗中，每個句子的最後會出現一個大寫的字，其中有些出自原先的字彙，有些則是新字，受測者要判定這些字原先是否出現過。有些句子中，我們很容易由前文推斷最後一個字，像是：「狂風巨浪捲起了船。」但有些句子，最後一個字就不那麼順理成章：「她把錢存起來買了燈。」

如果句子中最後一字曾出現於稍早的字彙中，受訪者應該回答「舊」，否則應回答「新」。最值得注意的是，對於那些在句中看來順理成章的「新」字，受訪者比較容易誤答爲「舊」，而且作答的速度也比較快。威特西指出，受測者因爲自己能快速作答，所以會誤判那些字曾出現過，其實是由於那些字出現在句尾相當順理成章，使受測者的答題迅速流暢，從而產生了錯誤的熟悉感。

在這個實驗中，受測者所誤認的某種經驗——先前看過某個字——其實與記憶並不相干，這與亞諾一世紀之前對似曾相識的看法相同。亞諾認爲，似曾相識可能是現狀中的一些特性所觸發的反應；威特西實驗的結論與此類似，受測者因爲某個字在句中順理成章，所以誤認爲自己之前看過。

似曾相識的案例並不常見，而目前經驗中的哪些特性會導致亞諾所謂的錯誤判斷，到現在都還欠缺令人信服的解釋。不過記憶中發生錯認倒是極爲普遍。有時我們會「記得」根本不曾發生的事，這是由於流入的資訊處理得快速流暢，或是躍入腦海的影像生動鮮明，使我們誤以爲這些是自己過去曾親身經歷的事。有時候我們對發生過的事記得清清楚楚，但卻弄錯了時間或地點。錯認也可能反其道而行：我們誤以爲某個不假思索而得的影像或想法是出自自己的想像，而不知道這其實是我們回想起先前看過或聽過的資料。

時至今日，我們對似曾相識的瞭解，並未比一世紀前亞諾的時代高明多少，但我們對張冠李戴的各種形式卻知道得不少。這些得來不易的知識，對社會的潛在影響相當深遠，因爲由以下的分析可以瞭解，錯認可能爲我們的生活帶來出乎意料的改變。

指鹿爲馬

一九九五年發生在美國奧克拉荷馬市的爆炸案，許多人對當時遍尋不獲的第二號嫌犯可能記憶猶新。警方在案件發生後不久就確認了頭號嫌犯麥克維（Timothy McVeigh）的身份，同時也對第二號嫌犯發出全國通緝。警方相信，爆炸案發生的前兩天，這名嫌犯曾陪同麥克維到堪薩斯的伊利奧車行租了一輛廂型車。這名嫌犯在畫家筆下是國字臉、黑髮、身材壯碩、頭戴藍白相間的帽子。他的畫像不停在電視中播放，也出現於全國各地的報紙上。雖然大規模的搜捕行動將麥克維與一名友人繩之以法，而且七成的美國人都認爲還有一名共犯逍遙法外，但所謂的第二號嫌犯卻始終未被找著。這究竟是怎麼回事？

原來ＦＢＩ在追蹤到麥克維租用的車輛之後，訪問了車行的人員。店主和秘書都記得只有一個貌似麥克維的人以假名來租車，但修車技師卻記得看到兩個人，其中一人符合麥克維的特徵，另一人較矮較壯，黑髮，戴著藍白相間的帽子，左手袖口下有刺青。根據這些修車技師回想起來的資料，追緝第二號嫌犯的行動於焉展開。

事後證明，其實這兩個人比麥克維晚一天來租車，而修車技師也目睹了他們租車的過程。其中一個人與麥克維相像，另一個人則較矮較壯，戴著藍白相間的帽子，左手袖口下有刺青——完全符合所謂第二號嫌犯的特徵。

由於初步追蹤第二號嫌犯的過程不順利，ＦＢＩ幹員過濾了這兩個人的租車記錄，結果不得不承認，其實被誤指爲第二號嫌犯的正是其中一人，與爆炸案毫無關聯。修車技師對他的特徵記憶無誤，也如實呈現在全國發佈的通緝圖像上，但卻把他租車的時間記錯，提早了一天。

這類的烏龍指認並非沒有前例。英國一九五〇年代中期一個著名案例中，遭持槍歹徒搶劫的售票員指認一位無辜的水手爲嫌犯。這名水手之前曾向售票員買過票，結果售票員卻誤將他的臉孔記成嫌犯的臉孔。稍後另一件案例中，心理學家湯普森（Donald Thompson）遭人指控強暴，受害者對他的長相記得很清楚。但湯普森最後並未入罪，因爲他的不在場證明無懈可擊：案發時他正在上電視的現場訪談節目（諷刺的是，討論的主題是記憶的謬誤）。被害人因爲當時正在觀看這個節目，所以把湯普森的臉孔與嫌犯弄混了。

湯普森和那位英國水手還算運氣不錯，並未遭受冤獄之禍。但又有多少案例是因類似的張冠李戴，使無辜者在錯誤的指認下蒙冤？沒有人知道具體的數據，不過以下兩點或可透露一二。其一，根據一九八〇年代晚期的估計，美國每年有七萬五千件刑事案是根據目擊者的證詞而判決；其二，近期一項研究分析了四十件因DNA證據而得以平反的案例，發現有三十六件（九〇％）與目擊者的錯誤指認有關。無疑地，遭到類似冤屈卻未能昭雪的案例必然還所在多有。

這些令人聳然的數據，提醒我們應對目擊者張冠李戴的錯誤有更深入的瞭解，並採取有效的對策。奧克拉荷馬市爆炸案中的錯誤指認，有人歸類爲「不自覺的轉移」，也就是不自覺地將對某一情境中某人的記憶，轉移到另一情境中，以致對某張熟悉臉孔的來源作了錯誤的推斷。不過，根據近期在實驗室內的研究結果，犯下錯誤的目擊者有時候也意識到曾經在其他情境中看過嫌犯。例如，要求受測者觀看一部有關搶劫的影片，其中一幕鏡頭帶到某個無辜的旁觀者，而稍後部分受測者會誤指他爲搶犯。不過其中某些人的誤認並非由於不自覺的轉移而起，而是他們認爲那名旁觀者與搶犯就是同一人。

誤認記憶的來源

相關研究也指出，對過往經驗的種種明確細節，我們通常只會有粗略的回憶，而這種模糊性就爲「來源的錯認」（source misattribution）提供了孳生的溫床。也就是說，我們雖能正確憶起早先知悉的某項事實，或是能如實描述之前看過的人或物，但卻把相關資訊的來源弄錯了。例如在一些測驗中，受測者或許清楚記得之前讓他們看過的臉孔，但卻記錯了看到這張臉孔的時間或地點，前面提到對第二號嫌犯的誤指就是這類情形。

我們究竟是如何記住某人的外表以及與他會面場景的種種細節？假設你星期二早上到市中心一間氣派的辦公室拜訪兩位主管：一位是銀髮的副總裁威爾森，帶著牛角框眼鏡，身著保守的藍色西服；另一位是三十多歲的財務分析師亞伯特，打領結，穿著鮮明色彩的吊帶褲。下午你又去郊區拜訪一家成立不久的公司爭取業務，也與兩位主管會面：一位是程式設計師墨頓，大學畢業不久，身著牛仔褲，一耳戴著銀色耳環；另一位公司總裁葛琳是年齡略長的女性，穿的是比較傳統的套裝。

如果一星期後再向你詢問當天兩次會面的情況，你勢必得回想起他們每個人的特徵以及四周的場景，才能做比較精確的描述。副總裁、財務分析師、程式設計師、總裁；牛角框眼鏡、鮮明的吊帶褲、銀耳環、牛仔褲、傳統的套裝；威爾森先生、亞伯特先生、墨頓先生、葛琳女士、市中心的大辦公室、郊區的小辦公室。只記得這些是不夠的。你還必須把這些穿著打扮與每個人聯結起來，也分得清哪張面孔該搭配哪個名字，誰在郊區，誰在市區，他們的職稱又是什麼。除了記錄與檢索個別的特徵，你還必須能在記憶中將種種細節串聯起來，才能正確說出每個人名字、衣著、職稱與辦公場所。

心理學家把這個串聯的過程稱爲「記憶聯結」：將某一經驗中的不同組成部分拼湊成一個整體。如果個別部分記憶正確，但在聯結上出了問題，就可能導致上述誤指第二號嫌犯之類的錯誤。

對記憶來源產生混淆有時是因聯結失誤，也就是事件發生時，我們未能把某一行動或事物適當地連接到特定的時與地之上。聯結失誤也可能導致我們無法區分真實的經驗與虛幻的想像。你在出門時，想到要把地下室的門鎖好。一個鐘頭之後在汽車裡，突然感到一股驚恐：我到底鎖了門沒有？還是只是幻想自己鎖了門？

心理學家萊伯曼（Lew Lieberman）在退休後，類似這類的困擾日益嚴重。他自言：「這就好像是你在做某件事之前，預先想過自己做這件事時的情景，結果到後來就分不清究竟做這件事是想像還是事實。」他很想知道別人是否也有類似的遭遇。事實上，根據許多實驗的結果，如果想像自己看著某樣東西或執行某項行動，那麼一陣時間過後，就可能弄假成真，認為自己真的有過那樣的經驗。

在一項精心設計的實驗中，受測者分為年輕與年長二組。研究者先讓他們看一件物品，好比說放大鏡，然後又請他們在腦海裡想像棒棒糖（形狀類似的物品），或是讓他們看一個衣架，再想像螺絲起子（互不相干的物品）。結果年長者比較容易誤認自己真的看過只是想像中的棒棒糖，但誤認看過螺絲起子的比例，則與年輕人不相上下。年長的受測者似乎比較難把觀測物的外觀（如圓形）串聯到周遭的情境上，所以在看過放大鏡這個「圓形」物體，再想像一個形狀類似的棒棒糖之後，他們就很難精確回想起看到放大鏡時的種種相關細節，自然容易錯認資料來源。

如果能夠把與某項事物相關的細節全都連結起來，就能比較容易回想起當時真正的情況。接續前面的例子，你在車裡絞盡腦汁，想找出一些線索來證實鎖門並非只是想像中做過的動作。結果終於想起來，你在鎖門時看到一隻貓跑走，這才放下心來。如果你沒有把這隻受驚的貓和鎖門的動作串聯起來，可能還在為了找尋真相而苦惱不已呢。

錯誤的接軌

串聯的失誤可能造成所謂「記憶接軌的錯誤」（memory conjunction error）。與「威爾森」以及「亞伯特」會面後的次日，當同時問起你那家公司副總裁的名字時，你可能自信滿滿地答道「『威』『伯特』」。你記住兩人姓名的一部分，因而拼湊出一個新字。認知心理學家設計出不少試驗程序，可以揭露一般人在串聯不同的單字、圖片、句子或臉孔時所可能出現的錯誤接軌。看過「spaniel」與「vanish」這兩個字，有人會說他看過「Spanish」。又如看過下頁圖4.1左邊與中間兩張臉孔後，有人會記得看過了綜合這兩張臉孔特徵的一張新臉孔。就算記得單字或臉孔的部分特徵，但如果未能適當地串聯起來，就可能會導致接軌的錯誤。

近期對腦部受傷患者所做的研究顯示，海馬體在串聯過程中具有舉足輕重的地位，海馬體功能如果受損，會引起記憶串聯的錯誤。這些患者在記憶新近看過的單字或臉孔時，比正常人容易犯串聯的錯誤。他們很可能在短短幾秒鐘或幾分鐘之後，就會把臉孔的特徵或單字的音節錯誤地組合。由此可以推論，受損的海馬體不再能發揮串聯片段記憶的功能。最近利用PET掃瞄的腦部造影研究顯示，受測者要把兩個不相關單字（如「水準」/「需要」）組合起來時，也就是腦部需要特別發揮串聯功能時，海馬體會異常活躍。這也更進一步證實了海馬體在記憶串聯過程的重要性。

錯認資料來源或記憶串聯的錯誤，可能都是因爲記憶檢索過程中出了差錯。一張面孔看起來好像頗爲熟悉時，我們必須回顧或「監看」回憶所得到的結果，以找出原因何在。因中風而額葉受損或手

圖 4.1

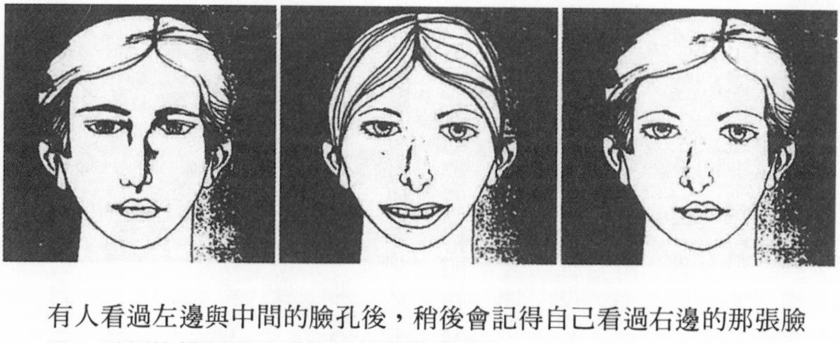

有人看過左邊與中間的臉孔後，稍後會記得自己看過右邊的那張臉孔。這類的錯認稱爲「記憶接軌的錯誤」。

術切除部分額葉的患者，從事這種檢索監看過程會倍感吃力，爲省事起見，他們對於覺得熟悉的事物就很容易對它的來源遽下判斷，因此和健康的受測者比較，這些患者對記憶來源比較容易發生張冠李戴的現象。

就算是健康的老人，如果他在額葉功能測試中表現不佳，往往也會對記憶來源有比較高的錯認機率。前面我們曾提過，年長者常將只是想像中看到的棒棒糖誤認爲真的看過，其實他們看過的是形狀相似的放大鏡。如果測試是在看過實物兩天後進行，那麼在額葉測試上表現最差的老人，也最容易把實際看過與想像的物品混淆。但如果測試是在十五分鐘後即刻進行，他們的表現就與平均水準差不多。這表示額葉的監看功能經過兩天的間隔後可能受到嚴重的影響，以至辨別某件物品究竟是真正看過還是出於想像也就格外困難；如果間隔只有十五分鐘，那麼回憶的任務較爲簡單，動用到額葉的程度也比較少。

記憶檢索上的失誤而也可能引起記憶接軌的錯誤。露賓（Susan Rubin）等人對一群老人所做的研究指出，額葉功能測試中表現最差者，往往也在記憶接軌上犯錯最多，像是原先看過「barter」與「valley」兩個單字後，卻認爲自己看過「barley」。這些老年人只依賴像是看到「barley」這個拼湊字的熟悉感覺，而不去充分過濾自己的記憶。

目擊證人的指認

強烈的熟悉感，加上對特定細節的回憶付諸闕如，使得張冠李戴發生的可能性大增。如果執法人員對此有所理解，應可有助於減低因目擊證人錯認所導致的嚴重後果。愛荷華大學的威爾斯（Gary Wells）的研究團隊發現，將好幾個人排成一列以供指認的作法，往往引發張冠李戴的現象，因爲這無異鼓勵目擊證人倚賴熟悉感來做判斷。目前通行的作法下，警方會讓目擊者仔細看一批嫌犯，然後從中指認誰是犯人。威爾斯發現，目擊者此時往往會依靠相對的判斷，也就是從一排嫌犯中，挑出與犯人最相似的一個。問題是，就算犯人並未站到供指認的行列中，目擊者還是會想辦法找出一個最像的人。也就是說，目擊者縱然對特定細節記憶不清，也會因其中某張臉孔與犯人大體相似而做出指認。

威爾斯對此提出了因應之道：請目擊者每看過一名嫌犯之後，立即判定是否爲犯人，而不是等看過所有嫌犯後再作指認。如此一來，目擊者就會仔細回想，檢視眼前的嫌犯是否與他記憶中的細節相符。令人欣慰的是，執法人員對相關問題以及正確的指認方法都日益瞭解。一九八八年，美國司法部長雷諾（Janet Reno）設立了一個由心理學家（威爾斯也在內）、警方人員與律師共同組成的工作小組，以嚴謹的科學研究爲基礎，就蒐集目擊者證據制定了一組廣泛通用的指導原則。

威爾斯降低錯誤指認的研究結果可以歸納爲：創造適當的條件，誘導目擊者對真實狀況進行精確的回憶，而不以大致雷同爲基礎進而造成誤導。這些研究也令我想提出另一個影響深遠的根本問題：我們有辦法區別記憶的真假嗎？

看穿謊言的機器

一九九六年夏天，我應邀到達特茅斯學院（Dartmouth College）協助主持一所認知神經科學機構，與家人住在鄉間一間精緻的旅館內。某天回旅館時，眼前出人意料的場景使我當場楞住。我的房門上幾乎貼滿了小紙片，上面是來自各報紙、電視、廣播媒體的電話留言。全球各地的媒體都希望能立即訪問我。

原來那天《紐約時報》的科學版上有篇報導，提及我與一些同事所做的PET掃瞄研究。我們利用掃瞄來檢驗受測者進行真實與虛幻回憶時的腦部活動，在此之前的其他研究，研究的都只是回憶以往真實經驗時的腦部活動，從未觸及對不曾發生事件的虛構回憶。腦部造影是否可以用作某種高科技的測謊器，毫無瑕疵地區分真實與虛構的回憶？這種可能性不禁令人心生嚮往。

讓受測者在掃描時回憶真實的事情並不困難，比如說請他們說出受測前看過的單字或圖像，或是詢問他們過去的經驗等等，但是如何誘發受測者虛構的回憶呢？就在我們研究的前一年，有兩位心理學家羅迪傑（Henry L. Roediger）與麥得摩（Kathleen McDermott）發現，一九五〇年代由狄斯（James Deese）所設計的一套程序，可以相當可靠地讓受測者相信他們經歷過某種其實並未發生的事件（這套程序後來以三人名字的第一個字母命名爲DRM程序）。首先，研究主持人會唸出一串意義相關的詞彙，其中一串可能是：線、大頭針、眼睛、縫衣、銳利、尖端、戳、頂針、刺、痛、注射、針筒、衣服、編織；另一串字彙則是：床、休息、清醒、疲倦、夢、瞌睡、毛毯、打盹、熟睡、打鼾、假寐、平靜、呵欠。在稍後的記憶測驗中，受測者要回想剛才是否聽過以下的字詞：縫衣、門、針、睡眠、糖果、清醒。大多數受測者會正確地回想起剛才聽過縫衣與清醒，而且未聽過門與糖果。有意思的是，他們經常會誤認剛才也聽過針與睡眠，而且還很有把握。我相信讀者在看到這些字彙時，也會犯相同的錯誤。

這種虛幻記憶之所以會發生，乃是因爲第一組字彙都與針有關，而第二組字彙則都與睡眠有關，因此聽到其中任何一個字，都會引發對相關字彙的聯想。由於針與睡眠和字串中其他所有字彙都有關聯，因此在腦海裡會比其他字更爲活躍，所以在幾分鐘之後的測試中，受測者很容易誤認剛才的確聽過這兩個字。這種連受測者本身也難分真假的記憶，PET掃瞄是否能辨別？

在我們的實驗中比照上面的設計，讓受測者先聆聽一串意義相關的字彙，幾分鐘之後再接受掃瞄。進行其中一項掃瞄時，他們辨識的是前面曾聽過的字，而另一次掃瞄所出現的字，則在前面不曾出現過。一如我們預期，對這兩組字，受測者回答聽過的比率不相上下。而且整體而言，無論回憶正確與否，腦部的活動都相當類似。其中額葉的反應強烈，而顳葉的內部靠近海馬體處也有活動的跡象。由於海馬體及附近區域在真實記憶中具有舉足輕重的地位，因此我們推論，由於檢索虛構記憶時這一區域的活動增加，可能誤導受測者相信自己聽過剛才並未唸到的單字。

雖然真、假記憶涉及的腦部活動極爲相似，但還是有値得注意的線索，指向兩者歧異所在。額葉中與過濾或監測記憶相關的部位，在面對虛構記憶時的活動程度較高。受測者彷彿察覺到睡眠與針這兩個字有點不對勁，因此特別著力過濾，只是最後還是不敵強大的記憶幻象。另一方面，記憶爲眞實時，左腦表面的顳葉——儲存聲音與字詞的區域——活動會比較明顯。這是否意味著受測者聽到一個之前確實聽過的單字時，PET掃瞄能捕捉到腦中微弱的反應呢？

以腦部造影來分辨虛實，無論醫療或司法領域，都還帶有超現實與未來主義的色彩。在哈潑林（James Halperin）的幻想小說《真相機器》（*The Truth Machine*）中，腦部掃瞄技術已發展到能精確分別真僞的地步。政客在掃瞄機的監督下必須知所收斂，以免不良的居心遭到揭穿。當然有意的欺瞞與虛構的記憶並不相同，因爲後者的本意仍在回憶起真相。不過無論如何，「真相機器」的可能性還是打動了記者們的想像力，所以我的房門上才會貼滿他們的電話留言。

某些人在接受心理治療後，宣稱記起兒童時期受虐的情景，而另一方卻堅稱並無其事，這時是否可以利用PET掃瞄來解決爭端？目擊者的回憶正確與否，是否也可利用

PET掃瞄來判定？

這些問題都令人很感興趣，對社會也可能有巨大的潛在影響。但就我們的研究成果而言，我不得不對一些過度的臆測潑點冷水。因爲無論記憶的真僞，兩者間的相似極爲明顯，而差異卻微不足道。而且我們實驗的內容只涉及一種測試狀況，與日常生活的關聯尚難判定。我們也無從得知，如果將實驗中任何條件稍做變更，是否還能得到同樣結論。至少以我們的實驗結果而論，腦部造影在短期內尚無法在法庭或其他地方供分辨記憶真僞之用。

我們又進行了後續的研究，結果證實上述謹愼的態度是正確的。腦部活動在真實與虛假記憶間的差異，其實是由於測試程序所造成。在前次的測試中，受到PET技術所限，我們必須把所有之前唸過的字彙集中於第一次掃瞄，把所有未曾念過但意義相關的字放在第二次掃瞄，至於無關聯的字則放於第三次掃瞄。因爲受測者對同一批單字的熟悉感大致相同，因此他們在回答之前會更愼重地過濾自己的記憶。我們認爲這種謹愼的態度會使真實與虛假的回憶呈現不同的腦部活動。

爲驗證這種想法，我們採行「事件關聯電位波」(event-related potentials) 來記錄腦部不同部位對特定感官刺激的電力反應，而且可以精細追蹤到幾千分之一秒的腦部活動，不像ＰＥＴ提供的乃是腦部活動一分鐘左右的平均影像。利用這種技巧，我們可以在單一的記憶測驗中穿插混合三類單字：出現過的單字、未出現過但相關以及未出現過也不相關的單字。除了未出現過且不相關的單字，另兩類單字應該都會讓人有熟悉之感，而比較容易遽下結論。不過在這樣的測試程序中，我們並未發現真實與虛假記憶的腦電活動有顯著差異。

這些研究結果提供了一項重要的正面貢獻。前面提過，威爾斯的研究指出，特定的測試條件能減少目擊者錯誤的警覺；同樣地，我們的研究資料也顯示，如果測試條件會誘發受測者仔細過濾自己的記憶，虛實記憶間的差異將會加大。

還有一些研究者利用腦電記錄來檢驗記憶接軌的錯誤，結果發現這種錯誤可以與真實的記憶區分出來。以受測大學生的腦電反應來看，正確回憶見過的單字、誤認部分音節雷同的單字（如看過的是「varnish」，受測時看到的是「Spanish」）、誤認全新單字這三種情況，他們的腦電反應並不相同。學生犯了記憶接軌的錯誤（如看過「spaniel」與「vanish」後，誤認看過「Spanish」）時，腦電反應也與正確記憶時明顯不同。

誤認未看過的字，是因爲對這些字有種一般的熟悉感。這種熟悉的感覺在接軌字最強，在全新的字最弱。就某種程度而言，受測者對接軌字的熟悉度並不亞於真正看過的字，因爲它的兩個音節都曾出現過。因此要回答正確，就必須能確切回憶起是否看過這兩個音節同時出現。這種細部的回憶所涉及的腦電活動型態，與被誤導回答看過接軌字時的一般熟悉感非常不同。

另有幾項相關研究也利用了腦電記錄與ｆＭＲＩ，結果發現由過去經驗中搜尋出特定回憶以及根據一般的熟悉感而作回應，兩者的腦部活動確實並不相同。容易在上面提過的ＤＲＭ程序中犯錯的人（也就是記憶正確與錯誤參半的人），不論記憶正確與否，腦電活動的型態一致；但比較不會在ＤＲＭ程序中犯錯的人（也就是記憶大半正確的人），則記憶正確與錯誤時的腦部活動型態會有不同。

由以上這些結果可以推論，如果記憶方面的決策立基於特定的回憶，而非整體的熟悉感，應當可以減少張冠李戴的錯誤。在ＤＲＭ程序中，受測者會犯錯，往往是基於某個單字聽起來與先前聽過的字相關而有熟悉之感，因而不去查證特定的回憶。

爲了進一步證實這項看法，我與伊絲瑞（Lana Israel）在讓受測者聆聽一串單字時，也同時展現對應的圖片。例如，在他們聽到奶油、麵粉、牛奶、麵糰時，也會同時看到實物的圖片。稍後，我們會讓受測者看一些字，其中有些出現過，有些並未出現過，但屬性相同（如「麵包」）。我們認爲，圖片會讓受測者印象深刻，因此他們作答時必須同時記得看過相應的圖片，才會做出肯定的回答。測驗的結果驗證了我們的觀點。

讓回憶有突出的細節

根據幾項實驗的結果，我們做了這樣的假設：搭配圖片出現的單字有助於激起參與者的「特色覺察」（distinctiveness heuristic），也就是他們在回答記得某項經驗之前，會先確認一下自己對其中突出的細節是否想得起來。假設我現在問你，記不記得我在本書前面某處提過我有多重人格，而且十九個人格各有不同名字？你一定會很有把握地回答，我根本沒有提到這件事。因爲如果我寫了這類的事，你必然會大感驚訝，也一定會對其中細節以及自己的感受留下深刻的回憶。只要我們預期自己記憶會對某一經驗留下豐富而詳細的資訊，就能引發特色覺察。

在引用一般DRM程序時，受測者並不預期能由特定單字檢索到什麼突出回憶，所以容易產生誤認的情形。但是在搭配圖片後，受測者對自己的回憶會有較高的預期，因此如果對某個單字想不出對應的圖片，就比較有把握自己之前並未聽過這個字——就像你可以很容易駁斥我根本沒提過多重人格的事。

特色覺察對老年人很有幫助，可以防範他們落入虛假記憶而不自知。比起年輕人，老年人不易由記憶中喚起特定的細節，往往較爲仰賴一般的熟悉感，因此很容易導致張冠李戴的結果。不過如果我們能提供容易記住的資訊，讓老年人和年輕人一樣產生特色覺察，就可減少他們記憶不實的情形。

然而，老年人通常對自己能夠記住特定的細節並不抱太高期望，甚至完全沒有把握。不幸的是，這種消極的態度可能爲他們帶來嚴重的問題。認知心理學者傑柯比（Larry Jacoby）指出，不少騙子就是利用老年人的記憶問題行騙，其中的一招可稱爲：「支票在哪裡？」騙子先打電話向老人套出個人基本資料，第二天再打電話過來時，就伺機檢查老人是否已忘了昨天的談話，若是如此，他很可能也會忘記其他的事。這時騙子就會編出一件子虛烏有的事，像是：「我們收到你寄來的一千兩百元支票，不過正確的金額是九百五十元。請你再補寄一張九百五十元的支票，這樣我們只要把原先的支票退給你就好了。」另一種手法是宣稱：「根據我們的記錄，你已經付了兩千四百元，只剩下六百元的差額。是不是請你今天開一張支票，好把款項都結清？」許多老人不好意思追根究底，就乖乖地寄出支票，以避免後續的麻煩。

這種損失慘重的不幸案例，就是源於受騙老人對自己的行為無法引發特色覺察，否則他如果寄過一張一千兩百元或兩千四百元的支票，一定會記得清清楚楚。正由於許多老年人對過去的事情常回想不起什麼突出的細節，所以會認爲自己忘了寄過支票也並不稀奇。但是根據前面提過的DRM程序搭配圖片的研究，我們發現老年人如果能記住特定的細節，即可有效發揮特色覺察的功效。隨著嬰兒潮世代的老化，無疑會有更多老人因爲記憶問題而淪爲詐騙的目標。爲了減少這些受害案例，我們應盡力改變老人對自己記憶力的期望，也許可以開設一些記憶訓練課程，協助老人有效地運用特色覺察的技巧。

令人欣慰的是，我們的研究發現，只要稍加指導，老年人就可以學會如何仔細過濾自己的記憶而避免扭曲與錯誤，也就不再淪爲不實記憶的受害者。

滿街都是電影明星

如果腦部的某些功能嚴重受損，一個人可能對過去的事情做出混淆甚或怪異的陳述，而記憶與真實之間的連結也似乎完全被切斷。一九九一年，一位四十多歲的英國攝影師出現幻象與記憶的問題。這位在醫學文獻中以姓名縮寫代表，簡稱為MR的男子，除了回想最近與很久之前的事情有困難，更糟糕的是，他對根本不認得的人卻有很熟悉的感覺。他開始不斷問妻子某個擦身而過的陌生人是不是「知名人物」——電影明星、電視新聞記者、地方名流等等。MR深信自己的感受正確無誤，所以經常忍不住上前詢問那些一頭霧水的陌生人。「滿街都是電影明星」的感覺令MR深感困擾，於是求助於一位精神科醫師，診斷結果認為這種虛假的熟悉感並非源於心理的問題。

在接受正式測試時，MR指認真正名人的能力，與正常受測者並無兩樣；但他卻也指認了四分之三以上的陌生臉孔，這是正常受測者幾乎不會犯的錯。經過神經方面的檢查，發現MR曾患過多重硬化症而使額葉受損。這項發現對於他不尋常症狀的源頭，提供了重要的線索（大多數多重硬化症患者並不會產生這類症狀）。此外，亞歷桑那大學神經學者拉塞克（Steven Rapcsak）也曾經在研究中提及，右額葉下方或內部受損的患者，會把新面孔誤認為熟悉的人。

額葉部位在評估或監看其他神經系統傳送的信號上，通常扮演重要的角色，而腦部損傷可能導致額葉與其他系統間的連結出了差錯，以致影響對臉孔的辨識能力。英國神經心理學家楊格（Andrew Young）推論，看到熟悉的臉孔時會觸動「臉孔辨識單元」，其中包含對臉孔模樣的描繪，接著這一單元會傳出訊號，使我們覺得自己熟悉這張臉孔。不過這類訊號並不提供與個人身份相關的細節資料。我們還必須啓動「個人身份結」（參見前一章），才能得知包括職業、興趣、背景等相關資訊。

拉塞克指出，癥結在於額葉受損者無法充分監督或過濾由臉孔辨識單元所傳來的訊號。臉孔辨識單元只包含視覺資訊，不觸及熟悉感的來源為何——我們不知道某張臉孔看來熟悉是因為之前看過，還是因為和其他認得的臉孔相像。一張熟悉的臉孔會引發相關的個人身份結，讓我們回想起與此人相關的各種細節。但問題是，如果某張新面孔也觸動了臉孔辨識單元，而產生微弱的熟悉感，卻無法由個人身份結之中取得相關資料。拉塞克在研究額葉受損者時發現，他們並不能自發地行使監督作業，而會輕易地認定由臉孔辨識單元傳來的訊號就代表熟悉的臉孔。因此拉塞克建議這些患者在答覆「熟悉」之前，要再確認一下對此人是否能回想起任何特定的資訊，如果不能，就不要貿然認定這是熟悉的面孔。

MR除了滿街看到明星外，對於一些虛構但聽起來很像明星（莎朗・休格）或歷史人物（荷瑞修・費拉斯）的人名，他也常回答說「聽過」，但若問起這些人的身份如何，他又只能給他們貼上浮泛的標籤，像是歌星、政治人物、體育明星等等。奇怪的是，MR並不會誤認虛構的地名：他分得清雅加達是真正的地名，而瓦柏拉則不是；同樣地，對虛構的英文單字，如「legify」或「florrical」，他也不會誤認。因此，MR的問題純粹侷限於人的辨認上，顯示額葉系統的功能可能在某一領域嚴重受損，但在其他未受影響領域仍可執行正常監視任務。

我們對這一現象的瞭解尚不夠深入，不過仍可由此理解一種極爲怪異的錯認現象，「弗瑞哥利妄想（Frégoli delusion）」。一九二七年，法國精神分析學者古朋（Courbon）與費爾（Fail）描述了一名精神分裂婦女的個案，她自認是「受敵人迫害的人」，有兩位法國女明星想害她。古朋與費爾將這種妄想命名爲弗瑞哥利，是因爲當時有位擅長模仿的義大利演員弗瑞哥利風靡了巴黎，所以用他的名字爲代表。這種妄想的特徵，是患者堅信一位陌生人被自己親戚朋友或某個名人所「附身」。ＭＲ的症狀是一般性的虛幻熟悉感，而弗瑞哥利患者則受特定的虛幻記憶所困擾。

弗瑞哥利妄想通常見於精神科的病人，但神經科與神經心理科近年來也發生過一些案例，患者原先並沒有精神病史，但卻在腦部受傷害後出現妄想。其中一例是在倫敦攻讀英文的二十七歲女性ＩＲ，來自大西洋馬迪拉（Madeira）群島，她由公車摔下導致頭部重傷，右額葉的下方與內部嚴重受損，而這正是會造成辨認錯誤的部位。在醫院療養期間，她堅稱鄰近某位女性患者就是她的母親。在這種強烈的主觀認定下，她甚至好幾次想和那位摸不著頭緒的患者同床睡覺，還跟在她後面走動。一個月之後，她的妄想才算消失，而ＩＲ的父親也證實，她母親因病住在馬迪拉的醫院裡。ＩＲ其實是把某些事實——母親住院——扭曲爲強制性的妄想。

經過正式的測試，顯示ＩＲ受到記憶問題的困擾，不時會編造根本不曾發生的事件，甚至還產生一種妄想，認爲自己的一個姪兒也在這所醫院住院。研究人員判定，ＩＲ的問題有部分是源自額葉監督系統功能受損，無法過濾記憶的合理性與一致性。ＩＲ的毛病似乎出在誤讀「特定」人物個人身份結所傳送的訊號，以致對其身份產生混淆，這又與滿街看到明星的狀況不同。我們目前尚不清楚各類錯認的成因，不過腦部造影技術應該很快就可以協助這方面的進展。

不自覺的剽竊

華理斯（William Wallace）是蘇格蘭歷史上的傳奇人物，而一九九五年梅爾吉勃遜所主演的《英雄本色》（*Braveheart*）使他更廣爲人知。就在同一年，蘇格蘭人麥凱（James Mackay）也爲華理斯撰寫了一本備受好評的傳記。不過不久之後，就有人指稱麥凱的著作大量剽竊一本一九三八年的華理斯傳記，作者是已故的蘇格蘭歷史學者佛格森（Sir James Ferguson）。

麥凱辯稱：「我完全不知道，這純粹是不自覺的，真的是這樣。我一直都努力爲自己的作品找尋新素材。」襲用他人作品中相當可觀的部分，卻毫不察覺其資料來源，這種狀況有可能嗎？至少馬凱所謂不自覺的說法頗值得懷疑，因爲他另有其他作品亦遭人指控肆意剽竊，蘇格蘭歷史學者巴羅（Geoffrey Barrow）甚至指責他那本華理斯傳記是：

「多年來我看過最惡質的剽竊個案，甚至可說是空前的。」

不過也有一些證據顯示，有人真的在全然無意識下，由自己記憶中喚起他人的著作或觀念，並不自知地歸爲自己的創作。這種錯認被稱爲「隱藏記憶（cryptomnesia）」，它的症狀剛好與前面提過對陌生事物有熟悉感的錯覺相反，也就是對原本該熟悉的事情，卻誤認爲是嶄新的。

二十世紀初，心理分析學家容格（Carl Jung）發現，尼采（Friedrich Nietzsche）的《查拉圖斯特拉如是說》（*Also sprach Zarathustra*）一書中，有部分情節應該是取材自早年讀過的故事。尼采寫道：

> 查拉圖斯特拉旅居於快樂群島的時刻，恰好有一艘船在冒煙山峰所在的島上停泊，船員們上岸獵兔子。午潮時分，當船長和船員再度聚集時，他們忽然看到一人由空中穿梭而來，只聽到一個聲音清晰地說：「時候到了！現在正是時候。」等這個人靠近，像影子般朝大山方向迅速飛掠而過時，他們萬分恐慌地發現，此人正是查拉圖斯特拉。

容格發現上面的章節類似一個古老的鬼故事，作者是德國的醫生兼詩人克納（Kerner）：

> 四位軍官與商人貝爾先生上到史壯波利山所在的島上獵兔子。他們在三點鐘召集船員上船，卻驚駭莫名地看到兩個人由空中迅速朝他們飛來……擦身掠過，速度很快，而且令他們極度恐慌的是，兩人竟然在可怕的史壯波利火山口的烈焰中降落。他們認出這兩人乃是倫敦的舊識。

這兩段文章的相似性不容置疑，不過容格認爲，尼采並非有意抄襲，而只是忘記了自己文思來源何在。另一個非故意剽竊的例子，是一九七一年丹尼爾（George H. Daniel）的《美國社會中的科學》（*Science in American Society*）。該書獲得《科學》（*Science*）雜誌的佳評，但丹尼爾隨後致函《科學》，說明他後來察覺書中部分內容是摘錄自其他著作，但他當初並未清楚列舉，只是泛泛提及。他解釋說：「大量引用某位作者仍在發行的著作，而且這位作者很可能也受邀評論我的書，如果我卻故意抄襲他，豈不是太天真了？」那麼真相究竟如何？丹尼爾經過仔細回想，發現自己對好幾本書的內容記憶深刻，因而

1 0 5 5 0

台北市南京東路四段25號11樓

大塊文化出版股份有限公司 收

廣告回信
台灣北區郵政管理局登記證
北台字第10227號

地址：

市 鄉/鎮 路 段 巷 弄 號 樓

縣 市/區 街

(請寫郵遞區號)

大塊 LOCUS 文化 **讀者服務卡**

謝謝您購買本書！

如果您願意收到大塊最新書訊及特惠電子報：

－ 請直接上大塊網站 **locus**publishing.com 加入會員，免去郵寄的麻煩！

－ 如果您不方便上網，請填寫下表，亦可不定期收到大塊書訊及特價優惠！
請郵寄或傳眞 +886-2-2545-3927。

－ 如果您已是大塊會員，除了變更會員資料外，即不需回函。

－ 讀者服務專線：0800-322220；email: locus@locuspublishing.com

姓名：＿＿＿＿＿＿＿＿＿＿＿＿ **性別**：□男 □女

出生日期：＿＿＿年＿＿＿月＿＿＿日 **聯絡電話**：＿＿＿＿＿＿＿＿

E-mail：＿＿＿＿＿＿＿＿＿＿＿＿＿＿＿＿＿＿

您所購買的書名：＿＿＿＿＿＿＿＿＿＿＿＿＿＿

從何處得知本書：1.□書店 2.□網路 3.□大塊電子報 4.□報紙 5.□雜誌
6.□電視 7.□他人推薦 8.□廣播 9.□其他

您對本書的評價：
(請填代號 1.非常滿意 2.滿意 3.普通 4.不滿意 5.非常不滿意)
書名＿＿＿ 內容＿＿＿ 封面設計＿＿＿ 版面編排＿＿＿ 紙張質感＿＿＿

對我們的建議：＿＿＿＿＿＿＿＿＿＿＿＿＿＿＿＿

＿＿＿＿＿＿＿＿＿＿＿＿＿＿＿＿＿＿＿＿＿＿

＿＿＿＿＿＿＿＿＿＿＿＿＿＿＿＿＿＿＿＿＿＿

＿＿＿＿＿＿＿＿＿＿＿＿＿＿＿＿＿＿＿＿＿＿

不自覺地將其中內容覆述出來，但卻以爲自己只是對這些書籍作一般性的引述。他懊惱地說：「我知道自己如果很用心，可以有相當驚人的記憶力，只是從未料到無意識之間也可以做到。」

藍色多瑙河

我們都可能出現隱藏記憶，而且可能當場把自己逮個正著。心理學家律德（Graham Reed）自稱有次半夜醒來，覺得有一段動聽的旋律在腦海迴盪，他第二天一早興奮地把旋律記下，然後狂熱地努力了一整天。正當他要爲這首傑出的創作命名時，忽然驚覺它其實早已有了名字——《藍色多瑙河》！

有時我們還可能無意間剽竊自己的想法。心理學家史金納（B. F. Skinner）曾提及：「老年人所碰到最喪氣的經驗，莫過於自認爲想到了一個有價值又詮釋得十全十美的觀點，卻立即發現這是你很久之前就已經發表過的觀點。」

乍看之下，我們很難在控制條件下研究隱藏記憶，因爲如何才能讓受測者無意間剽竊別人的理念？一九八九年，南美以美大學（Southern Methodist University）的布朗（Alan

Brown）與墨非（Dana Murphy）找出了一套程序。實驗主持人請一組四位受測者就某一類別的東西輪流舉出實例，如果主持人說「水果」，受測者可能先後回答「蘋果」、「梨子」、「橘子」、「桃子」。在稍後的測試中，受測者必須就同一類別再說出其他人不曾提過的例子。雖然受測者都瞭解不能重覆別人講過的答案，但有時「蘋果」、「橘子」還是會脫口而出。

這種試驗中出現的隱藏記憶，或可歸因於記憶中所謂「促發」（priming）這種不自覺的影響。聽到別人說出「蘋果」或「橘子」時，這些字眼會在我們記憶裡活動起來，就像裝填進火藥一樣。等稍後再要就同一類別提出新答案時，這些活動的字眼就很容易躍入腦海。有些人想不起來曾經聽過這些字，而相信這是自己第一次想出來的新字。

近期研究指出，要求受測者仔細注意自己的想法究竟來自何處，可以減少隱藏記憶。喬治亞大學的心理學家馬許（Richard Marsh）以幾組大學生爲對象，要求他們對以下兩個問題提出新的解決方法：大學有哪些方式可以改進？美國的交通事故有哪些方法可以減少？

研究者要求一組受測學生一週後回來，而且要提出上週沒人講過的答案，結果其中還是有人提出上週別人已經講過的答案。對另外一組學生，研究者特別在作答前再提醒他們，要仔細思考一下提出的答案是否上週已有人講過，結果重覆他人想法的現象明顯減少。「促發」是由於未能即時過濾觀念從何而來，如果能適時加以提醒，應該對減少這種現象有所助益。

造成隱藏記憶的某些因素，也會導致誤認的情形，其關鍵都在於未能對記憶中資訊的來源仔細思考。這類錯誤可能爲日常生活帶來災禍，像是前面提過的通緝不存在的嫌疑犯、老人受歹徒詐騙，還有行徑怪異的弗瑞哥里妄想症。

心理學家傑柯比發現，在記憶的領域中，會出現和社會環境中類似的歸結（attribution）。社會心理學家夏克特（Stanley Schachter）曾進行過一項著名的實驗，分別爲處於怡人以及惱人環境中的受測者注射腎上腺素，結果前一組受測者覺得愉快，後一組則覺得生氣。腎上腺素激起的是模糊的興奮感，但人們會把這種感覺歸因於外在環境中正面或負面的特性。腎上腺素引發的興奮，有點類似——正確或錯誤地——過去真實經驗的熟悉感所造成的流暢或快速心智活動。本章一開始提過的亞諾醫生，在解釋患者的似曾相識經驗時，想到的就是這種感覺。他認爲路易就像注射了腎上腺素，卻想不出該如何解釋，最後就歸諸其實未曾發生的過往經驗。

無論是像路易這類患者的奇特經驗，或是日常生活中常造成麻煩的錯認現象，都爲我們上了有關記憶本質的重要一課。我們得經常釐清一些模糊的符號，如熟悉感或飛逝而過的影像，因爲它們可能源自以往特定的經驗，也可能是受到現實微妙的影響。單憑判斷或推論，產生看似眞實的歸結，往往會走上歧路。如果錯認結合另一項記憶之罪——暗示，那麼就可能讓子虛烏有的事情在記憶中產生歷歷如繪的細節，而且信之不疑。過去這種錯誤曾在醫界、法庭、幼稚園等場所引發重大問題，而使不少家庭與個人的生活受創深重，下面一章將會陸續說明。

第五罪　暗示

一九九二年十月四日，一架貨機由阿姆斯特丹的史基浦機場起飛後不久，兩具引擎故障，駕駛想要調頭飛回機場，結果卻撞上郊區一棟十一層樓大廈，三十九名居民和四名機師罹難。記者與電視攝影機蜂湧到災難現場，接下來好幾天，荷蘭的新聞媒體一直充斥著對這件悲劇的報導，在全國各地聽到、看到、討論的，全都環繞這個主題。

十個月之後，一群荷蘭心理學家以所屬大學的內部人員爲對象，研究他們對這場空難事件的記憶。研究者只問一個簡單的問題：「你是否在電視上看到飛機撞上建築物的情景？」五三%受訪者的答案是肯定的。在後續的訪問中，有三分之二的受訪者維持肯定的答案，而且還描繪出飛機撞擊的種種相關細節。這項研究結果頗值得玩味，因爲根本沒有任何電視攝影記錄到飛機撞擊那一刻的情景。

這是由於那群心理學家所提的問題極具誤導性，等於暗示電視的確播放過撞機的畫面。受訪者或許在電視新聞中看過飛機墜毀後的現場，或許曾經看過、討論過、想像過撞擊時的情景，然而受到暗示性問題的誘發，受訪者卻張冠李戴，將由各種來源獲得的資訊全錯誤地歸結於一段從來不曾看過的影片。

誘發虛構的記憶

這類錯誤也可能由日常生活中看來很普通的行爲——看照片——引發。一九九七年我曾與PBS電視《美國的科學疆界》(*Scientific American Frontiers*)節目的製作單位合作，利用我所設計的一套實驗方法，由節目主持艾爾達（Alan Alda）擔任白老鼠。我和他在一個秋天的早晨到某個公園會合，一起坐在長椅上，看著一對年輕男女在面前展開安排好的野餐，電視攝影機在旁邊拍攝。艾爾達知道這兩個人是演員，也猜想稍後會測試他的記憶，所以很留神兩人的一舉一動，觀察他們暢飲飲料、撐起遮陽傘、梳頭、吃三明治、照相，或是其他種種在陽光下享受野餐時會有的舉動。

兩天後，我們在我哈佛的辦公室再次會面。我拿出野餐情景的照片。請艾爾達欣賞，他很快就察覺我此舉別有用意。等到他看到一幅吃薯條的照片，可是卻想不起來前天曾看過這一幕，終於瞭解這項實驗的關鍵特色：有些照片的確是當天真正發生過的事，有些則是野餐中可能發生、但當天並未發生的事。他大聲質疑我們是不是要對他的記憶力要什麼花樣。

讓他看完照片後，我唸出一串的物品和行動，請艾爾達回憶是否曾在前天野餐的場景中看過，我特別提醒他注意，因爲其中有些——正如他剛剛所猜想的一樣——並未出現在真實的場景中，而是他幾分鐘前在相片上看過的。雖然他對我們的伎倆早有防備，而且記憶力向來不差，但卻很快就出現差錯：他回答看過那位女子在野餐時修指甲，其實那是幾分鐘前他所看到照片中的影像。不久後他又犯了一個錯誤：他記得看過一瓶礦泉水，而其實那也是照片裡的東西。艾爾達最後以良好的幽默感接納了自己頻頻出錯的記憶，我則安慰他這是相當稀鬆平常的經驗。

記憶易受暗示，是指個人往往將外在具誤導性的資訊融入個人回憶之中。暗示和錯認有密切的關聯，因爲將誤導性的事物轉換爲錯誤的記憶，免不了涉及張冠李戴。不過，大多數的錯認是在沒有明顯的暗示下產生，所以仍不宜將兩者混為一談。

受到暗示而遭誤導的回憶可能和真實回憶一樣栩栩如生。二千年五月三十一日的《紐約時報》頭版，就報導了一則令人稱奇的案例。一位韓戰退伍老兵達里（Edward Daly）為自己的戰功編造了精采但卻純屬自己想像的故事，還包括如何參與了一場他其實並不在場的殘酷屠殺。在編織虛構故事時，達里還訪談了不少曾參與那場屠殺的老兵，並「提醒」他們他自己的英勇行為。他誤導性的提示滲入這些老兵的回憶中，有位老兵就宣稱：「我記得達里在那裡。我記得，我記得。」

記憶易受暗示及誤導之所以值得憂慮，有不少原因：引導式的問題可能導致目擊者指認錯誤；誘導性的心理治療程序可能助長虛假回憶的孳生；以攻擊性的態度訪談學齡前兒童，可能使他們產生扭曲的回憶，指控曾遭老師或他人凌虐。凡此種種，都可能對當事人的權益影響深遠。因此理解並防止記憶遭受暗示或誤導，不但有心理學理論上的意義，也極具社會與司法的價值。

受誤導的目擊者

在前述荷蘭貨機空難事件的記憶測試中，研究者故意以不符事實的資訊誤導受測者，這種作法是由華盛頓大學的洛塔絲（Elizabeth Loftus）首創，之後爲許多研究所仿效。通常的程序是請受測者從圖片或影片中觀看一件普通的事件，然後回答與該事件相關但帶有誤導性的問題，最後再接受記憶測試，以瞭解他們對原始事件的回憶。

近期加拿大英屬哥倫比亞大學（University of British Columbia）的心理學家海安（Philip Higham）進行了一項研究，首先由受測者觀看一卷錄影帶，是以便利超商爲場景的搶劫，然後研究者故意對被搶店員的穿著做了一項誤導的敍述，接著要求受測者回想店員的穿著和其他細節。

這項研究發生了一段有趣的插曲。在某堂心理學課堂上，一位曾參與這項計畫的研究生，就自己記憶所及報告這次實驗的過程。他向學生說明，錄影帶中的店員穿著白圍裙。不過就在對研究程序逐一做精確解說時，他忽然一驚，發現自己也無意中成爲記憶失誤的活生生例證。原來影片中店員並未穿白圍裙，這其實是研究者稍後所做的誤導性描述。

誤導性問題之所以會造成記憶扭曲，是由於干擾了受測者的記憶來源，讓受測者誤以爲自己真的在原來的影片中看過某樣東西。不過在海安的研究結果中，還出現了另一重扭曲。某些受測者在聆聽誤導性問題的幾分鐘後就接受測試，所以還淸楚記得「白圍裙」是由研究者所告知的，但他們還是會堅稱影片中的店員的確穿的是白圍裙。事實上，看完影片後立即接受測試者犯錯的比例，並不比兩天後才接受測試者爲低。這項結果足以顯示引導性問題的威力：就算當事人記得某項事件的資訊是由別人所告知，他們還是可能對這一事件產生虛構的記憶。

這些發現對警方該如何偵訊目擊者可謂意義重大，因爲如果警方提出的問題具有暗示性，那麼就算目擊者瞭解這些問題事關重大，還是可能因而改變他對原始事件的記憶。雖然還缺乏相關的資料，顯示引導性問題對目擊者的影響程度如何，不過英國有人針對問案的實際記錄加以研究，結果發現警方向目擊者所提的問題中，約有六分之一帶有暗示性。

前面所提到的白圍裙，算是比較明顯的錯誤資訊，但就算是更爲隱微而未含任何具體錯誤的暗示，也可能會影響目擊者的證詞。以下就是一個真實的案例。

目擊者面對一排供指認的嫌犯時，說道：「噢，老天……我不知道……是那兩個中的一個……可是我不知道……噢，天哪……那個人比二號高一點……是那兩個中的一個，可是我不知道。」

三十分鐘後，目擊者仍然審視著那一排人，難以下決定，她說：「我不知道……第二號？」

負責指認作業的警官說：「好。」

幾個月後，被告律師在法庭上問道：「你肯定是二號嗎？還是只是可能而已？」

目擊者回答：「沒有什麼可能不可能……我絕對肯定。」

這位目擊者花了三十分鐘審視排成一列的四名嫌犯，希望找出曾攻擊過她的人。她在選擇過程中相當猶疑，但日後在法庭上卻誓言自己不曾有過絲毫疑問。心理學家威爾斯指出，警官肯定的回應，雖然只是一個「好」字，卻可能具有引導作用，強化證人對本身記憶的信心。如果真是如此，這對法庭證詞的影響就不容小覷，因為陪審團要判定目擊者對嫌犯指認是否正確，重要因素之一就是目擊者對本身指認的自信程度如何。

如果目擊者有高度信心，那麼陪審團就會著重於調查目擊者本身是否值得信賴，而比較會忽略當初做出指認時的情況究竟如何，或者是否有干擾目擊者辨識或指認嫌犯的因素。雖然陪審團比較相信有信心的證人，但其實是否有信心與指認正確與否，並沒有確切的關連。更糟的是，如果告訴某位證人另有其他證人也指認同一名嫌犯，或是證人在出庭前曾一再重覆演練證詞，那麼證人的信心會更形膨脹。顯然目擊者的信心並非在事件發生時即告固定，至於它的伸縮性，是否大到只消看似無害的肯定回應——一個「好」字——就足以大幅膨脹？

爲了有更深入的理解，威爾斯與布拉菲爾德（Amy Bradfield）放映一卷保全系統的錄影帶給受測者看，顯示一個男人進入一家商店的場景，接著告知受測者，在這一幕之後，這名男子槍殺了一名安全警衛。這時受測者必須由一組相片中指認凶手——但其實凶手的相片根本不在其中。有些受測者會得到肯定的回應：「很好，你指認了真正的凶手。」有些未獲得任何回應，還有些則是得到負面的回應，告知嫌犯的相片是另一張。最後，所有受測者評估自己對嫌犯觀察得有多清楚，並就自己記憶的確定與清晰程度以及其他特性加以評量。

這三組受訪者立足點並無差異，他們看清楚和記住嫌犯的機會是相同的。但測驗結果卻發現，獲得肯定回應的受訪者對自己的記憶力比較有信心，同時也認爲自己對嫌犯看得較清楚，也較能指認臉部特徵。無論目擊者的指認是否錯得離譜，只要他們自信當初清楚目擊了嫌犯，同時又能清晰而詳盡地回憶起嫌犯特徵，對於陪審團就有十足的說服力。

就評估目擊者證詞是否確實的法律準則而言，這些發現格外重要。針對暗示性發問可能影響目擊者的證詞，美國最高法院一九七二年在奈爾控告畢格斯（Neil v. Biggers）案中判定，如果有理由相信目擊者的陳述基本上正確無誤，則暗示性程序不一定使其陳述必然無效。依據所謂的畢格斯準則（the Biggers criteria），目擊者證詞的精確程度，取決於確定性、描述嫌犯的能力、案發時目擊的機會及注意犯罪過程程度（還有案發與指認間隔的時間）等標準。不過威爾斯與布拉菲爾德卻指出，畢格斯準則本是用來判定受暗示性程序影響的證詞是否可信，但是根據他們所做的實驗結果顯示，這項準則中的多項因素卻很容易受正面回應的影響，形成一種自相矛盾的情況：

「在此論點下，就算受到暗示性的回應，但如果證人有信心或自認看得清楚等因素，證據就不至於不被採認。殊不知，正是受了暗示性程序的影響，才會使證人有信心或自認看得清楚。然而，畢格斯準則卻不容許這樣的分析……如果因爲畢格斯準則非常重視目擊者而辯稱暗示性程序不是問題，那就如同法醫在DNA的檢驗程序中，讓嫌犯的血液受到犯罪現場採得的樣本血液所污染，然後說這不是問題，因爲檢驗結果顯示兩者完全吻合。」

催眠與認知偵訊

有鑒於威爾斯與布拉菲爾德的研究結果，還有法庭對畢格斯準則的倚賴，警方問案應避免暗示性的程序，其重要性自不容低估。不過警方在訊問目擊證人時，還有另一項該注意的事，那就是儘量獲取最多的精確資訊。爲強化證人的記憶，有些警界專家倡議採行催眠術。催眠術是利用一種導引技術，指引受催眠者放鬆，專注於特定的事物或活動，像是凝視牆上的圖片，體驗眼皮愈來愈沈重的感覺，或是幻想自己躺在溫暖的沙灘上。一旦進入深度催眠狀況，催眠師爲激起回憶，會要求受催眠者返回事發當時，把事件重溫一次，或是想像有一幅巨大的電視螢幕，播映他曾目睹的事情。

催眠程序有時會在真正的犯罪案件中締造驚人成果。最引人矚目的莫過於一九七六年發生在加州的一起綁架事件：三名蒙面歹徒持槍劫持一輛巴士，把二十六名學童和一名駕駛囚禁於地下六呎深的採石場。後來這些人質奇蹟式地脫逃，但FBI幹員卻一直無法由他們那裡取得綁匪的資料。後來駕駛接受催眠偵訊，結果回想起綁匪車子牌照號碼中的五個數字，終於使三名歹徒落網並俯首認罪。

雖然不乏這類成功的前例，但透過催眠取得的證詞，其地位仍有爭議。催眠程序常會引發不正確的回答，有時還會使誤導性資訊的暗示作用更形擴大。根據對近年科學文獻的回顧，並未發現充分的證據，足以支持催眠能有效提高目擊證人記憶的正確性，不過倒發現催眠可以鞏固證人的信心。有鑑於證人對本身證詞的信心，可能對陪審團構成重大的潛在影響，因此催眠過後自信但可能錯誤的證詞就值得我們嚴肅地正視。

倡導以催眠術協助取得證詞的法律心理學者瑞瑟（Martin Reiser）等人，常強調明顯成功的案例，同時也認爲催眠不見得會使暗示及誤導增加。的確，如果偵查陷於膠著，而其他方法也都行不通時，或可透過催眠取得線索，再以獨立的證據做事後的查證。此外，催眠術也可作爲一種「保住面子」的工具。有時候證人一開始因爲害怕受責或不好意思而不願吐實，事後雖然反悔，但又不願承認先前撒謊，這時就可趁接受催眠的機會而「恢復」記憶。事實上，某些催眠偵訊之所以奏效，可能正是基於這種保住面子的心態。

由於催眠後取得的證詞仍令人有疑慮，所以研究人員一直致力找出理想的方法，希望既能促進正確資訊的檢索，又不至增加暗示及誤導。其中一項有效的程序就是所謂的「認知偵訊」（cognitive interview），一九八〇年代由認知心理學家費雪（Ronald Fisher）與吉塞曼（Edward Geiselman）首創。認知偵訊是立基於記憶研究的成果與理念，明確避開具暗示性或引導性的問題。原始版本的認知偵訊分爲四部分：首先是要求證人儘量說明與事件相關的所有事情。警方在詢問時常提出相當特定的問題，如「他的上衣是什麼顏色」，而不是「請描述他的樣子」，通常對拓展證人的回憶並無助益。其次，某些細節可能在一開始回憶時就遭到遺漏，因此認知偵訊的第二部分，就是促使證人在腦海中重現事件發生當時的場景。許多實驗研究都證實，這種重現方式有助於記憶的檢索。第三，讓證人以不同時間順序回憶事件，例如先採從頭到尾的方式，再反過來採由尾到頭的方式。實驗室研究顯示這也有助於促進回憶。最後，請證人以不同的角度來看事件，如以犯人或受害者的觀點來觀看事件，以協助他們找出原本可能忽略的細節。到了一九九〇年代初，除了上述四項程序外，認知偵訊中又添加了一些作法，用以培養偵訊者與證人之間的互動與溝通。

許多研究曾實際比對認知偵訊與警方標準的偵訊技巧，結果幾乎毫無例外地發現，認知偵訊對強化證人回憶的成效卓著。無論偵訊者是稚嫩的大專學生或警界老手，也不分證人是成人、老年人或小孩，都同樣可以收到效果。

就像催眠術一樣，認知偵訊也可能導致證人回報較多的錯誤資訊，不過數量通常不大——不少研究則根本未曾發現這種跡象——而且並無證據顯示認知偵訊會降低證人的正確性。目前爲止的研究結果指出，認知偵訊能強化回憶，又不會相應地增加暗示性，所以包括英格蘭與威爾斯在內的警方人員都已接受這方面的訓練，並列爲偵訊證人時的常規作法。此外，美國司法部長雷諾的工作小組也汲取了認知偵訊的某些特色，納入取得證詞的指導原則之中（參見第四章）。

僞供

警方偵訊時另一個麻煩是僞供，有時和暗示也脫不了關係。不少人是屈打成招，但也有人未受脅迫而自願招認，其目的可能在引人注意或相關的病態心理。但是還有些僞供——確實數目多少不得而知——卻是由於那些無辜的人確信自己犯了罪。哈佛大學的孟斯特伯（Hugo Munsterberg）是首先籲請注意此一問題的心理學家。他一九〇八年的經典著作《證人席上》（*On the Witness Stand*）指出，情緒壓力加上社會壓力與暗示，可能使人的記憶扭曲到誤以爲自己曾犯罪的地步。

前蘇聯極權統治的高峰期，僞供發生在政治犯身上的情況相當普遍。一篇有關共黨審問技巧的論文指出：「共產黨人善於由囚犯身上挖掘資訊，並讓他們聽命行事。他們顯然能強迫人承認自己不曾犯下的罪行，還相信真有其事，並對拘禁自己的人心懷認同與感激。」

即使在現代西方社會，這樣的案例仍不斷發生。一九七〇年代，英國有一位名叫雷利（Peter Reilly）的男子返家時，發現母親遭人謀殺，於是立即報案。警方將雷利列爲嫌犯，並進行測謊，結果他未能通過。雖然雷利一開始否認涉案，但到後來他相信自己確曾犯罪，並在書面證詞上簽名認罪。兩年之後由於新證據出現，顯示他不可能犯下這起謀殺案，他才無罪獲釋。

雷利的狀況正是臨床心理學家古德江森（Gisli Gudjonsson）所稱的「記憶不信任併發症」（memory distrust syndrome）。雖然雷利根本無法拼湊出犯案的完整細節，但面對警方高壓詢問，他開始不信任自己的記憶，到最後甚至完全棄之不顧。面對如此關係重大的事件，卻不相信自己記憶中會留下印象，雷利顯然是捨棄了我所謂的「特色覺察」記憶監督機制，不期望自己能記住經驗中的突出之處。在正常的情況下，任何人犯下了弒母這樣的重罪，都不可能認爲自己忘得了這件事，然而如果在某些情況下——如酒醉、或相信自己有意壓抑對恐怖事件的記憶——遺忘自己曾殘酷犯行看來並非不可能，因此記憶不信任併發症就有滋生的空間。也就是說，對自己能清楚記起某件事不抱希望時，就比較容易懷疑自己的記憶。

在一些產生僞供的案件中，嫌犯最初相信自己的淸白，但經過警方暗示性的偵訊後，卻會對自己不曾犯下的案子發展出特定的回憶。一九九○年代中期有一樁喧騰一時的案件，華盛頓州副警長殷格藍（Paul Ingram）承認對兩個女兒性侵害，而且參與怪異的儀式，像是魔鬼崇拜、動物獻祭、殺嬰等。在當地警方高壓脅迫式的問案下，殷格藍對這些可怕的活動恢復了完整的「記憶」——他相信自己在此之前曾有意壓抑。警方始終未能找到任何確鑿的相關證據，而且殷格藍最後也撤回了認罪自白，但他迄今仍在獄中服刑。

警方高壓問案常與僞供脫不了干係。倫敦的古德江森等研究人員最近曾提及一樁奇特的案例，一名十七歲的少年在警方偵辦一起殘酷謀殺案時曾接受例行的訊問，結果他的腦海裡充滿了被害人的影像，也開始懷疑自己是否曾經犯案。最後這名少年向警方自首，他說：「可能是我做的……我不知道自己有沒有殺她。我一直看到她。」在接下來的二十四小時，他逐漸形成了這樣的念頭：「我一定做了，因爲我可以看到她的影象。」最後他變得很肯定：「我確定自己殺了她……我知道我做了。」雖然沒有其他證據支持他的說法，他還是因書面自白入獄。在服刑二十五年之後，才出現新的證據而得以翻案。

由這個案例可以發現，某些人很容易受到暗示，或許也因而特別容易做出僞供。古德江森爲此制定了一種衡量尺度，他稱之爲「訊問暗示性」（interrogative suggestibility），用以評量受到誤導性資訊與暗示性偵訊時改變供詞的傾向。研究結果發現，曾經認罪而事後又翻供的人，比起那些事證明確卻堅不認罪的人，更容易受暗示性問題的左右，不過這兩種人在標準臨床測試上的記憶力卻沒有差異。

然而我們還是很難想像有人會承認做過自己根本不曾做過的事，更別說是嚴重的犯罪行爲。本書前面提過的記憶之罪——健忘、失神、空白——在日常生活中都算司空見慣，但是像僞供背後所涉及的暗示及誤導，就不是一般人熟悉的經驗，也難免會心存疑惑。

威廉斯學院（Williams College）由卡辛（Saul Kassin）所領導的團隊，曾針對僞供進行實驗，結果發現這種情況並不像想像中那麼罕見。他們讓大學生坐在電腦前，輸入一連串聽到的字母——一組輸入速度快，一組則較慢，他們同時告誡這些學生絕對不可按到ALT鍵，否則會影響實驗進行。實際上並沒有任何一位學生真的按到ALT鍵，但實驗主持人卻一口咬定他們按到，在學生否認之後，兩組中又各有半數的人會聽到一位串通好的「證人」出面，說的確看到按錯鍵的情形，另一半則沒有證人出面指證。結果最後有七成左右的學生簽字確認自己的確按了ALT鍵，其中尤其以快速輸入又有證人指證的一組最為誇張，他們簽字承認的比率是百分之百，而且還有三五%居然回想起自己如何犯下錯誤。

卡辛的研究結果令人頗為不安，因為這無異指出，在各種條件配合下，我們許多人都可能被引導去承認自己不曾做過的行為。當然，不記得按過ALT鍵可能並不稀奇，但一般人不可能相信自己會連犯下重罪也記不起來。比起讓人承認自己犯罪，承認錯按了ALT鍵要容易得多，因為這種行為比較不可能引發我們的特色覺察。這樣的解釋相當合理，因為上述實驗的快速輸入組承認犯錯的比率比較高，這應該是由於他們認為自己在快速輸入的情況下容易犯錯，而且也比較不容易記得錯誤，因此對自己的記憶比較沒把握。

暗示性誤導的後果在證人的證詞與警方的偵訊上都可能影響重大，不過它的貽害不限於公共領域，也可能危及最為隱密與個人層面的記憶。

虛構記憶併發症

一九九二年，一群驚惶失措的中年人組成了第一個與記憶扭曲相關的組織：虛構記憶併發症基金會（False Memory Syndrome Foundation），成員大多是正與成年女兒發生衝突的家長。他們所敍述的一些遭遇當時頗爲駭人聽聞，但近年來已逐漸成爲大家熟悉的話題。原來當時有些受過良好教育的中產階級女性在因憂鬱症或相關問題接受心理治療時，恢復了對幼年時期遭受性侵害往事的記憶，而加害者往往是她們的父親，有時是母親。但是加入這個基金會的父母，還有不少狀況類似的父母，卻憤然質疑自己女兒信之不疑的回憶。另一方面，女兒和站在他們這一邊的人卻斥責這些父母有意否認他們自己無法接受的事實。

我在第三章曾提到，有些塵封多年的兒時受虐記憶，經證實確有其事，但在一九九二年上述事件爆發時，許多專家及遭指責的父母卻迅速反擊，宣稱有些心理治療師爲喚起被遺忘的創傷，所採行的方法具暗示性，如催眠、讓患者想像可能的受虐場景的練習等，使得虛構記憶迅速蔓延開來。陸續有好些證據顯示，許多被喚起的記憶不盡正確：不少人對魔鬼崇拜怪異行徑的回憶，其實毫無可靠的證據；目前所用的記憶回復方法欠缺科學支持；撤回自己回憶的女性人數穩定增加。許多記憶研究人員都給扯進這類爭端之中，希望他們來仲裁這類回復的記憶是否可信。當時不少迫切的問題都有待確切的科學證據來回答：對個人創痛經驗是否可能形成虛構的回憶？什麼方法最可能引發虛妄的回憶？是否某些人比較容易把不曾發生過的事情納入自己的記憶之中？

一九九〇年代初，許多學者對這些問題還提不出像樣的答案。心理學家只是大致瞭解記憶會受到誘導，但他們所能仰仗的證據，泰半來自前述洛塔絲所首創的實驗技巧，也就是讓事件部分的虛構細節滲入目擊證人的回憶中。對此持批評立場的人則質疑，這種受暗示的記憶只占整個經驗中微不足道的部分，因此無法據以推論虛構回憶可以發展到對於性侵害等創傷產生完整回憶的地步。他們建議記憶學者做更多的研究，以獲得足供進一步探討所需的資訊。

另一方面，對回復記憶的爭論，也激起一股研究暗示及誤導的新風潮。洛塔絲曾經首創一種實驗，將輕微的創傷體驗植入記憶之中。在這項名為「在購物中心走失」的研究中，一名十多歲的受測者克里斯在哥哥吉姆的指示下，回想自己五歲時在購物中心走失的事情。他起初沒有任何印象，但幾天之後，他卻對這件事有了鉅細靡遺的回憶。這項研究之所以引人注目，是因為吉姆和家裡其他成員都證實，克里斯根本不曾在購物中心走失過。在後續以二十四名受測者為對象的研究中，洛塔斯發現約有四分之一的人會在幾次探詢式的訪談後，無中生有地記起自己曾在購物中心或其他公共場所走失過。

植入童年經驗

西華盛頓大學（Western Washington University）由心理學家海曼（Ira Hyman）所領導的研究團隊，曾在實驗中以大學生為對象，成功地將虛構的童年經驗植入部分受測者記憶中。研究人員首先由受測者父母處查證受測者童年時期曾經歷過的事件，然後在測驗時將這些真實事件與一些虛構事件穿插詢問。舉例來說，他們會問：「你五歲時參加過一場家庭友人的婚禮，你和一群小孩在場中追逐，結果撞到桌子，把雞尾酒灑到新娘父母的身上。」受測者幾乎都能記得真正發生過的事，而對虛構事件一開始都會說沒有印象，不過在不同的實驗狀況中，約有兩成至四成的人會在後續的訪談中提到對虛構事件的記憶。在一次實驗中，甚至有半數以上產生虛構記憶的受訪者認為自己的回憶「清晰」，對主要事件的特定細節——像是何時及如何打翻雞尾酒——也都記得，另外近半數的人則只有「片段」記憶，也就是對主要事件沒有記憶，只記得一些其他細節。

視覺影像助長虛構記憶

海曼的研究結果隱然指出，視覺影像可說是產生暗示性記憶的罪魁禍首。在實驗中會產生虛構童年記憶的人，在視覺影像生動性的測量上得分較高。另一方面，研究者特別針對一組受測者，指示他們借助想像來回想原本記不起來的事，結果比起未受這類指示的受測者，他們比較容易出現虛構記憶。這一結果頗爲合理，因爲我們對事件的真實回憶經常包含豐富而詳盡的視覺影象，如果虛構記憶能藉生動的心像妝點潤色，看起來自然會更爲逼真。

義大利心理學者馬左尼（Giuliana Mazzoni）近期曾與洛塔絲合作，測試解夢（dream interpretation）這種暗示性程序是否會造成虛構記憶。他們列出各種不同的經驗，請受測者回憶是否曾發生在自己的身上。其中有一組人兩週後參與一項表面上看似不相關的活動，並由臨床心理學者爲他們解夢。這位專家會告訴他們，他們的夢境隱含了對三歲前所發生事件的受壓抑記憶，像是遭父母遺棄、在公共場所走失、孤獨地迷失在陌生的環境裡等等。也就是說，研究者希望透過解夢的幌子，引導產生虛構記憶。結果這些受測者雖然在原先的測驗中回答自己不曾有過這些經驗，但在聆聽解夢的兩週後，當再度聽到同樣的問題時，卻大都聲稱有過解夢專家所暗示的童年經驗。至於另一組未接受解夢暗示的受訪者，則沒有這種情況出現。

上面這些研究中的虛構記憶，所涉及的充其量只是輕微的困擾，算不上嚴重的創傷。但近期像是加拿大心理學家波特（Stephen Porter）等人就曾以大學生爲對象，成功地爲三分之一的受測者植入相當痛苦的童年記憶，像是遭動物攻擊、嚴重的意外事件、慘遭其他小孩修理等等。當然，要成功引導這類記憶產生還是有其極限，所以在某項研究中，有十五%的受測者產生在購物中心走失的虛構記憶，但對童年時接受灌腸經驗，卻沒有人產生虛構記憶。

無論如何，看到有那麼多記憶可能經由暗示而產生，還是不能不令人聳然而驚。舉個例子，想一想你自己最早的回憶是什麼？心理分析學者阿德勒（Alfred Adler）相信，最早的記憶深具心理的意義，爲透視一個人性格的真正核心提供了重要的線索。我們大多數人的記憶始於三到五歲，而相關的資料顯示，記得兩歲以前的事並不太可能，因爲那時腦部發育尚未成熟。

在近期某項研究中，受測者大都回答最早的記憶在三、四歲，與一般的研究結果相符。但研究者接下來引入一種暗示性程序，要受測者想像自己蹣跚學步的形影，好想辦法「觸及」自己更早期的記憶。研究者保證，任何人只要放鬆並將事件具像化，都能夠記起很早的事，如周歲生日等。依循這種暗示性程序後，受測者回報的最早回憶平均是十八個月，遠超過一般所接受的幼兒記憶標準。事實上，這些受測者有三分之一回報不滿一周歲前的回憶，而未受暗示者則完全不見這種案例。由於目前並無任何其他證據支持幼兒的記憶開始於這樣早的時期，所以幾乎可以確定這些新發現的「記憶」，其實並非真實事件的反映。更讓我們肯定這種看法的是，回溯兩歲以前記憶的人，在古德江森「訊問暗示性」評量上，屬於較容易受暗示的一群。

具像化並非引發虛構幼年回憶的唯一誘導方法。有另一項研究發現，催眠暗示在誘發個人幼年記憶的功效驚人，每十位受測者中，就幾乎有四位宣稱記得周歲或更早之前的事。

搖籃裡的記憶

如果我們尚不敢完全肯定對兩歲以前的記憶是否爲暗示下的產物，那麼加拿大催眠術研究者史帕諾斯（Nicholas Spanos）的實驗成果應該可以平息爭議。設想一下，如果有人問你：你記不記得出生時醫院的嬰兒床上，吊著一個彩色吊飾？你當然不可能記得。然而這項實驗的研究者卻告訴受測者，他們希望查證嬰兒床之上是否有彩色吊飾。接下來他們會告知一組受測者，催眠可以讓人回到初生時期，協助找回當時的記憶，然後讓受測者接受這種回溯性的催眠。第二組受測者同樣聆聽催眠對回復早期記憶的說法，但並未真正接受催眠，而是接受一種據稱與催眠效果相等的「指導性記憶重建」，其實就是鼓勵他們「重新經歷」出生後第二天的情景。第三組是控制組，未聆聽催眠或記憶重建的說辭，只是被告知要努力回憶剛出生後嬰兒床上方的情形。

結果控制組沒有人回想起嬰兒床上方的吊飾，但其他兩組中卻各有半數左右的人回報肯定的答案。也就是說，無論是否真正接受過催眠，只要受到出生後即可能有記憶的暗示，就會讓某些人對自己有這種記憶深信不疑。

雖說記得自己剛出生的情形似乎不算稀奇——因爲還有些人自稱「記得」自己的前世或是遭外星人綁架的經驗——不過上面這些研究結果還是相當重要，證實了「預期」在導致虛構記憶上的確扮演要角。只消一個暗示，就足以讓半數的受測者（修習心理學概論的學生）相信他們真能記起某項虛構的事情。

根據我在上一章提過的理論，對早年經驗會形成虛構記憶不足爲奇，因爲我們通常並不預期自己對幼年時代往事的記憶，能像近期事件的記憶一樣生動詳盡。對於發生在昨天的事情，由於「特色覺察」的因素，要誘發虛構記憶極爲困難。但我們對幼年時的回憶並未懷抱多少期望，因此比較可能把模糊的影像或朦朧的熟悉感解釋爲失而復得的記憶，尤其之前如果又有人告知確有可能保有這種回憶，發生虛構記憶的可能性就會更高。

由於暗示可能帶來的有害影響，我們更該認淸，回憶過去並不僅是在腦海裡啓動或喚醒沉寂的線索或畫面，而是涉及更爲複雜的三方互動：目前的情況、自己預期能記得的事、真正來自過去的回憶。暗示技巧會讓這三項因素的平衡產生變化，使目前情況變得比過去真正發生的事來得更爲重要。

這些研究結果也讓我們可以用更冷靜的角度來看待失而復得的記憶所引發的爭論。比起十年前，現在我們更能體認到早期經驗的回憶具有高度可塑性，因此以催眠或指導意像等暗示技巧來搜尋童年記憶，產生虛構記憶的風險自然很高。一九九○年代初期至中期，許多心理治療師相信這些技巧能釋放遭壓抑的童年記憶，所以往往採用這些技巧來刺激患者的回憶。然而根據前面所看到的研究結果，如果這些患者所憶起的事件屬無中生有，也不會令人意外。

除了視覺意象以及訊問暗示性的評量上得分較高的人之外，常失神的人也容易產生虛構童年記憶，這也是根據海曼等人的研究結果。這項以大學生爲對象的實驗還發現，容易心不在焉的人也比較會錯認語義相關詞——如在看過糖果、酸、糖、苦等名詞後，在看到「甜」字時，會誤認自己曾經看過（參見第四章）。近期由克蘭西（Susan Clancy）所主持一項以婦女爲對象的研究，也獲得類似結論。這項研究中有三組婦女，一組對童年受到的性侵害原已遺忘後來又想起，一組一直記得這種事件，還有一組則沒有這方面的經驗。結果第一組婦女在語義相關詞的測驗中，錯認的情況最多。

我們可以這樣解釋：那些忘記孩童時曾受侵害，後來再重新回憶起的婦女，可能因早年創傷而容易有錯認的情形。但這種說法卻無法解釋，那些一直記得過去曾受侵害的婦女，她們錯認的情形爲什麼卻沒有這麼高。另一種可能性則是：那些婦女失而復得的記憶並不正確，只是反映她們的記憶易遭扭曲，也因此她們在語義相關詞的辨識上也較易發生錯誤。這兩種說法孰是孰非，目前尙不能明確判定。不過克蘭西最近所做的一項研究發現，「記得」自己曾遭外星人綁架或侵害的人，在語意相關詞上也較容易有錯認的情形。由於這種事件應屬子虛烏有，因此我們或許可以推論，在語意相關詞實驗中容易出錯的人，在實驗室外應該也比較容易產生虛構的記憶。無論如何，這些結果至少可以讓我們進一步確認，有些人的確比較容易發生錯認的情形。

隨著一九九〇年代的結束，因記憶恢復而造成困擾的情形明顯有消退跡象，相關的案件急遽減少。這也許是有關記憶受暗示特性的研究成果陸續發表，促使治療師在記憶恢復上採行較保守的作法，也可能因爲有些當事人態度改變，轉而對治療師提起訴訟。虛構記憶併發症基金會在一九九九年冬季的通訊中即指出：「目前接到求助的電話或信件大幅減少，由於減少幅度很大，我們終於可以裁撤基金會中負責處理這些來電的部門。」不過就在失而復得的記憶起起落落的期間，另有一種容易因暗示而造成的記憶問題，同樣引發了許多爭議。

學齡前兒童的易受暗示

一九九九年四月，波士頓的律師薩爾坦（James Sultan）送給我一份資料，是有關麻州州政府控告勒菲芙（Commonwealth of Massachusetts v. Cheryl Amirault LeFave）的案件。勒菲芙在波士頓北部經營一所家庭式托兒所，她與弟弟及母親都於十年前因兒童性侵害案而被判有罪。其實一九八〇年代到一九九〇年代初，美國各地都曾傳出類似的案例。在某些案例中，有些學齡前兒童說自己曾遭受不愉快甚至可怕行爲的侵害，他們指控的惡行除了性侵害，還有血腥的酷刑、謀殺、被迫吃死嬰，甚至到外星人的太空船上等等匪夷所思的內容。但檢查這些兒童的身體，卻並未發現受虐痕跡，而且成年人到這些受指控的托兒所時，也沒看到什麼不正常的地方。這些機構原先都不曾發生過問題，像勒菲芙的托兒所開業十八年，直到一九八四年上述官司纏身之前，就從未遭人控告任何不當行爲。

這類案件有些因罪證不足或發現新證據，使托兒所方面得以脫罪，但勒菲芙一家就沒有那麼幸運，雖有律師和兒童記憶專家的共同協助，他們仍然入獄服刑。一九九五年獲得重新審判的機會，並由獄中釋出，但一九九七年麻州最高法院駁回重審的決定，他們也再度入獄。一九九七年五月，伯倫斯坦（Isaac Borenstein）法官爲勒菲芙母女翻案，理由是她們沒有機會與原告——托兒所的幼童——在庭上當面對質。同年勒菲芙的母親因病過逝。

就在此時，勒菲芙的律師薩爾坦告知法庭，他有新證據，應該進行重新審判。薩爾坦請出的是加拿大麥吉爾大學（McGill University）的布魯克（Maggie Bruck）教授。這位研究兒童記憶易受暗示與誤導的專家認爲，勒菲芙案應予重審，因爲近期的相關研究明顯指出，該案所採詢問孩童的方式，很可能使他們的回答不正確。布魯克的觀點獲得二十九位記憶研究專家的認同，我也是其中之一，大家並共同在法院文件上簽署。

自二十世紀初期起，研究者就發現暗示性問題會扭曲兒童對過去事件的說法，但在一九九〇年代前，相關研究鎖定的對象大都比托兒所兒童的年紀大，有關學齡前兒童記憶受暗示與誤導的研究寥寥可數，而且這些研究的重點，是放在暗示性問題是否能誘導兒童對事件某些細節產生錯誤的記憶。例如，某位來訪的男士明明是禿頭，但如果你的問題是：「××的頭髮是什麼顏色？」如果小朋友回答「記得」那個人頭髮是黑色的，就表示他容易受到暗示。但這類研究的結果，卻不足以判定暗示性問題是否會誘導兒童對某一虛構事件形成完整的回憶。

童稚的證言

布魯克與薩爾坦對勒菲芙案的質疑，集中於托兒所幼童接受訪問的情況。當時擔任發問角色的是小兒科護士凱利（Susan Kelly）。這些幼童原先並沒有主動跟家長提過受到侵害，而且最初被問及時，也都不承認有這樣的事。後來經過父母、警方以及凱利等人一再詢問之後（因為一名幼童與親戚的小孩玩性遊戲，引發大家的關切），才出現了遭到侵害的說詞。這種狀況相當具關鍵性，因為晚近的研究顯示，兒童自發的回憶往往是正確的，而經過特定問題的提示後，他們的答案就比較可能受到扭曲。

例如一九九六年有一項針對二到五歲小孩的研究，詢問他們剛才在急診室接受診治的情形，結果對開放式的問題，如「發生了什麼事？」和較為特定而具體的問題，如「你是在哪裡弄傷的？」兩者回答錯誤的比率有天壤之別：前者為九%，而後者高達四九%。

布魯克發現，凱利在訪談托兒所幼童時，從未以開放式的問題起頭，而老是直接提出特定的問題，像是老師好不好等等。而且她對特定的問題還一再重覆，好像非得到肯定的答案才甘心。例如，警方曾懷疑幼童談話中提到的一名與園方有關的小丑可能犯下侵害行爲，而凱利在以下訪談中就反覆詢問小丑的行動：

凱利：小丑有摸你嗎？
幼童：沒有……
凱利：你說小丑脫掉你的衣服。
幼童：對。
凱利：接下來發生了什麼事。
幼童：嗯，沒什麼啦。
凱利：小丑有沒有摸……你可不可以比一下小丑摸了你什麼地方？
幼童：沒有，他沒有摸我什麼……
凱利：現在假裝這是你。小丑有沒有摸你？摸你的哪裡？

幼童：就是這裡（指自己的腳）。
凱利：他有沒有脫你的內褲？
幼童：（沒回答）
凱利：他接下來怎麼樣？
幼童：沒有了。
凱利：沒有？他有摸你嗎？
幼童：我要把那個穿起來。
凱利：噢，不過我希望你告訴我，小丑有沒有摸你？
幼童：有。

其他接受訊問的幼童，情況也差不多。如果最初的答案不符預期，就得接受好幾次重覆的訪談，其間所發生的轉折與上述訪談記錄大同小異：原先否定的答案最終會被肯定的答案所取代。這種重覆訪談的作法十分可議，因爲根據布魯克等人的研究，兒童如果接受兩次訪談，而在第二次提到了上次不曾提過的某些細節，那麼這些細節很可能是錯誤的。

布魯克與另一位心理學家塞奇（Stephen Ceci）曾經反覆向學齡前兒童詢問某些事情，像是給捕鼠器夾到手指或上醫院等，並且鼓勵他們回想或想像這些事件的情景。其實研究者在事前曾向兒童的父母查證，確認這些事件根本不曾發生過。然而經過反覆詢問之後，有五八％的兒童會回憶起至少一件他們一開始時否認過的虛構事件，而且連細節都說得出來；還有二五％的兒童則對這些事件有概略性的回憶。

暗示性的詢問所以能產生這樣的誤導效果，是由於幼童記憶系統有基本弱點，很難記住資訊的來源——特定事件或行爲究竟發生於何時何地。如果反覆向幼童詢問某件事，會讓他們產生熟悉感，但幼童對熟悉感從何而來又弄不清楚，於是可能會摻進過去一些事件的零星片段，甚至連幻想也進來插一腳。正由於容易混淆資訊來源，因此幼童不經意聽到的父母對話，也會誤以爲是自己親身的經驗。

在一項研究中，邀請兒童到大學實驗室，參觀「科學先生」進行實驗。四個月後，他們的家長接到有關實驗的說明資料，其中有部分是幼童們根本沒看到的事。等父母把這段文字唸了三遍後，再詢問幼童在實驗室裡看到什麼，他們往往只記得父母唸過的部分。當問到某項無中生有的事是否在實驗時發生過，有半數以上兒童的回答是肯定的。

在上述托兒所幼童的案例中，另一個可能造成影響的因素就是訪談環境中經常充斥的社會壓力。布魯克就曾指出，凱利曾經提出一些承諾或甚至賄賂，來交換幼童的證詞。不過在勒菲芙案審理期間，社會壓力對兒童回憶的影響還未受注意，因此有關暗示性問題的研究並未納入這項重要因素。其實有些研究發現，如果幼童只是單純接受暗示性問題，而沒受到其他社會壓力，他們對事件的主要部分並不會回答錯誤。

直到晚近的研究才開始填補這項疏漏。一九九八年，心理學家賈文（Sena Garven）與伍德（James Wood）等人引用了之前尚無法取得的新資料：麥克馬丁（McMartin）案的偵訊記錄。該案的偵訊人員和勒菲芙一樣，運用各種社會壓力以期能由不配合的幼童口中取得資訊。除了暗示性的問題，還對符合自己期望的答案加以讚美並予以獎賞，反之則表示失望或不贊同。他們也反覆詢問，並讓幼童以假裝或幻想的方式猜測可能發生的情況。

爲比較單純的暗示性問題以及麥克馬丁案綜合式偵訊手法，賈文等人進行了一項實驗。由一位研究生向學齡前幼童講述《鐘樓怪人》的故事，然後發給他們蛋糕和紙巾，接著告別離開。一個星期之後，研究者向其中一組幼童（控制組）詢問一些有關的事情，其中有些是講故事的人的確做過，而還有部分暗示性問題，則提到一些他並沒有做過的事，像撕一本書、把貼紙黏到小朋友腿上、講髒話、對講話的小朋友丟粉筆等等。至於對另外一組幼童（社會報償組），除了同樣詢問這些問題外，還運用了麥克馬丁案中偵訊人員所用過的影響技巧。

他們所得到的結果相當驚人。就五到六歲幼童而言，社會報償組中有半數對暗示性的問題給予肯定的答案，而控制組的比率不到一〇%，四歲的情形也差不多。不過三歲幼童的情況就更糟：社會報償組中有八一%對暗示性問題給予肯定答案，而控制組也有三〇%。這項研究結果無疑證明，過去像麥克馬丁或勒菲芙案件中偵訊人員所用的社會報償技巧，足以嚴重扭曲學齡前兒童對過往經驗的證詞。

另一個著名的案例發生於華盛頓州的小鎮韋納奇（Wenatchee），十九名成人因涉嫌兒童性侵害而被判有罪，但後來一名作爲主要證人的十三歲女孩更改證詞，使原先的判決受到質疑。這名女孩指稱警方偵辦人員強迫她做出遭受性侵害的陳述，她回憶說：「我必須捏造這一切。我一開始說沒有這種事……可是他逼我撒謊。」心理學家亞奇爾（Jennifer Ackil）與撒拉戈薩（Maria Zaragoza）指出，讓小學學童先觀看錄影帶，然後以暗示性問題要求他們回答剛才所看到的內容，會讓他們對記憶來源產生嚴重問題，把自己的回答與錄影帶的內容混淆起來。

雖然勒菲芙案出現新的研究證據以及二十九位專家的簽名背書，檢查官仍力主這些不足以構成重審的理由。一九九八年，布魯克向伯倫斯坦法官報告最新的研究發現，尤其強調這些發現與本案當初審理時所能取得的資料有重大差異。法官認爲這項說詞很有道理，因此傾向核准重新審理。不過後來麻州最高法院卻認同檢查官的主張，認爲布魯克所提基本上並沒有什麼新事證，因此駁回重新審理的判決，並維持勒菲芙的罪名，也就是說，她應該再回監服刑。就在她預定回監的前幾天，檢查官與被告律師達成協議，勒菲芙就其已服過之刑期而獲釋放，但仍維持重罪犯的身份，且在之後十年的假釋期間，不得在電視上討論案情或藉此牟利。她的弟弟則仍在坐牢，而且不得接受姐姐的探視。

對勒菲芙一家人以及托兒所的家長與兒童，還有其他涉入類似案件的相關人士而言，一九八〇年代不當審訊方式帶來的後果固然相當不幸，然而也使一般人更瞭解，有些因素——引導式的問題、社會報償、強迫作答等——會使兒童受誤導的可能性提高，也更清楚該如何減少這種情況的發生。其實只要訪談者採用簡單的開放式問題，避免一些過去曾造成問題的訪談技巧，那麼即使訪談對象是年幼的目擊證人，得到正確資訊的可能性也很高。

記憶經暗示而被誤導的確是值得擔心的問題，在幼童身上尤其如此。在記憶七罪中，它所的潛在後果可能最嚴重，但也是最容易對付的。想克服健忘或失神這類問題，可能得費一番工夫實行用心推敲的收錄技巧，或建構外在的記憶輔助等等，但要避免記憶受到暗示所造成的不良影響，只要知道什麼「不該做」就差不多了。目前警方與心理醫療人員已沒有理由再固守原先那套訊問方式，而重蹈以往錯誤的覆轍，因爲心理學家在一九九〇年代已經積極展開對抗暗示誤導的研究。這些研究揭露了我們的回憶多麼容易受到暗示及誤導，從而也提醒社會各界，更注意保護記憶不受外在不當影響而變質。

第六罪　偏頗

歐威爾（George Orwell）令人不寒而慄的小說《一九八四》描述極權統治下的生活，執政黨透過精心改變過去而遂行對人民心理的宰制。黨的口號是：「誰控制了過去，就控制了未來；誰控制了現在，就控制了過去。」政府的「真理部」極力改寫歷史記錄，甚至操控人民記憶中的真實經驗：

> 他們認爲，過去的事件沒有客觀的存在，只存留於書面記錄與人的記憶中。過去也就是記錄和記憶一致之處……控制過去的最重要關鍵就是記憶訓練。確保所有書面文件符合現有正統，所需要的不過是機械性安排記憶或處理書面資料，但同時還要

「記得」事情是以應有的模式發生的。如果有必要重新安排個人的記憶或篡改書面記錄，那麼也必須能「忘記」曾經這樣做過。從事這類勾當的技巧和其他心智技巧一樣，都是可以學習的。

自從東歐共黨政權瓦解後，歐威爾書中所描述的那類極權社會已告式微，但與「真理部」性質類似的力量，其實仍活躍於每個人的心智中：我們都常爲配合現有的觀點與需求而重塑過去的回憶。偏頗之罪指的就是，以現有知識、信念、感受對新經驗或日後對此經驗的記憶所產生的扭曲性影響。在《一九八四》令人窒息的氣氛中，真理部利用記憶爲黨的統治而服務。同樣地，回憶過去經驗時的偏頗，顯示記憶也可被利用，爲主宰的認知系統服務。

由以下五種主要的偏頗類型，我們得以一窺記憶如何爲其主宰服務。「一貫性偏頗」與「改變性偏頗」都是依循自己的看法來重建過去，不過前者是求與現在類似，而後者卻希望與現在明顯區隔。「後見之明偏頗」顯示，對過去事件的回憶全受目前知識的過濾。「自我中心偏頗」說明自我在整合對現實的感受與記憶時扮演重要角色。至於「刻板印象偏頗」則顯示我們如何在不自知的情況下，用類型化記憶來塑造對世界的詮釋。

過去取決於現在

一九九二年七月十六日，裴洛（Ross Perot）出人意料地宣佈退出美國總統選舉，令熱情的支持者遭受嚴重打擊。媒體對這種行徑大肆抨擊，而支持者的情緒則混雜了傷心與憤怒，同時也希望他能更改決定。到了十月初，他再度加入選戰，但原先的支持者卻有了不同的表現：死忠派的支持始終如一；回流派原先已轉到其他陣營，但現在很快回頭；出走派則在裴洛宣佈退選後一去不回。

就在裴洛退選的幾天後，加州大學爾灣（Irvine）分校的心理學家列文（Linda Levine）詢問裴洛的支持者有何感受，等十一月大選結束後，裴洛落選，她又詢問他們對先前感受的回憶。結果上面三類支持者多少都能正確回憶他們七月時乍聽退選聲明時的傷心、憤怒與希望，但他們也重寫了部分記憶，使它符合自己在現時的感受。在選舉底定後回憶幾個月前的感受時，死忠派低估自己當時傷心的感覺，回流派低估當時憤怒的感覺，而出走派則低估當時的希望。

一貫性偏頗會出現在幾種不同的架構中。舉例而言，對以往痛苦經驗的回憶，深受目前痛苦程度的影響。長期受病痛折磨的患者，如果目前正身受高度痛苦，那麼過去病痛的程度，在回憶中也會偏向和現在一樣嚴重；如果目前狀況比較緩和，那麼記憶中的痛苦好像也不那麼嚴重。對政治或社會的議題，也都會出現一貫性偏頗。政治觀點轉變的人，往往記不清楚自己過去的態度，還認爲與現在的態度相當一致。事實上，有些人對過去政治觀點的記憶，與他過去真正的想法相去甚遠，反倒比較接近目前的觀點。在一項以高中生對校車意見的調查中，先由高中生表達自己的意見，然後再聆聽贊成與反對雙方的爭辯。結果有些人受到影響而改變看法，但這時他們卻忘記了剛才的立場，誤認爲自己一貫都採取如此的觀點。

如果你不能理解爲何一貫性偏頗這麼容易發生，請回想一下自己五年前對死刑的看法，你還記得自己當時的態度嗎？加拿大社會心理學家羅斯（Michael Ross）發現，一般人對自己過去的信念與感受，記憶往往不清晰，而是藉由目前的情況來做推斷。除非你肯定自己對死刑的態度有過轉變，否則你應該會評估一下自己現在的觀點，然後假設五年前也是抱持同樣的觀點。羅斯提出「隱性的穩定理論」（implicit theory of stability），如果你的觀點長期未變更，回憶將正確無誤，但若曾有變更，則會產生一貫性偏頗。

然而，改變性偏頗的情況剛好相反，我們會相信自己在某段期間內已經有了改變，尤其某些需要我們親自投入時間與精力的計畫，更容易引發這種感覺。原先的投入就是希望藉此帶來改變——減肥、考上大學、多運動——因此事後對真正改變容易誇大。學生在完成提升學習能力的計畫後，回想自己在計畫前的水準，往往有低估的情形，而尙未修習的學生，則不會產生這種改變性偏頗。

婦女對經期內情緒狀況的記憶，也會受改變性偏頗的影響。一些調查指出，婦女往往相信自己在經期內容易生氣或憂慮，然而一些對經期內婦女的研究卻明白顯示，雖然背痛、頭痛、腹痛等身體不適的情況增加，但憂鬱或相關情緒變動並未見提高的跡象。因此，身體的不適可能使婦女認定月經會造成負面情緒與心理上苦悶。羅斯的一項研究發現，婦女經期內回報的身體病痛比非經期內爲多，但回報的情緒狀態或人格測試結果卻未見什麼變動。不過婦女在經期內回憶非經期時的情緒狀態，往往會比真實情況來得正面，等於間接支持她們月經時情緒不佳的想法。這種想法會使月經的負面症狀更爲擴大：愈相信自己在經期內情緒低落的女性，經期結束後對症狀的回憶就愈爲誇大。

變調的往日情懷

一貫性偏頗與改變性偏頗最具體的展現，莫過於對親密關係的回憶。一九七〇年代，芭芭拉·史翠珊（Barbra Streisand）的〈往日情懷〉（"The Way We Were"）中有如下的歌詞：

記憶
可能甜美，然而
那些回想起來太過痛苦的
我們乾脆選擇遺忘；
因爲歡笑
才是我們會記住的，
無論何時回憶起
往日情懷。

一如歌詞中所顯示，也一如上面談過的一些資料與觀念，回憶「往日情懷」時，很難與「當前現況」的評量斷然切割。情侶回憶過去對另一方的看法時，常常會染上「一貫性偏頗」的色彩，也就是雙方目前的關係會主宰對往日關係的記憶。例如，在兩個月期間內，先後兩次訪問約會的男女朋友，請他們評量自己與對方在誠實、仁慈、智慧上的特質以及對另一方的愛意。而且在第二次訪談中，也請受訪者回想自己在兩個月前的評量。結果對另一方評價轉向較為負面的人，在回憶兩個月對另一方的印象時，也比當時實際的評價負面；至於對另一方愛意增加的人，在回憶兩個月前的感情時，往往會高於當時回答的程度。由此可知，回憶往日的印象與感受，其實都會透過現今印象與感受的過濾，使兩者趨於一致。

無論是已婚或未婚，伴侶關係中都普遍存在「一貫性偏頗」。在相關研究中，有兩組研究人員分別在首次訪談後的八個月與四年，再次用同樣問題詢問與伴侶相處的情形，並回憶以前相處的情形。結果發現感情有了變化的人，常會誤認自己的感情一向如此，只有五分之一能正確記憶起四年前的「往日情懷」，而感情穩定的受訪者則有五分之四記憶無誤。在間隔八個月的研究中，這種反差更為明顯，感情保持穩定的女性與男性，分別有八九％與八五％能正確記起八個月前的感受，但感情發生變化的女性與男性，能正確記起過去感受的只有二二％與一五％。這些結果好像在說：「其實我現在的感受就是我過去一直有的感受。」

這類偏頗也使婚姻關係前幾年常會發生的問題益形惡化。許多夫婦在蜜月期過後，對婚姻的滿意度會急遽下跌。這段期間原有的問題已夠棘手，而一貫性偏頗又讓過去的回憶也染上目前的陰影，使情況更爲雪上加霜。一項研究曾長期追蹤調查近四百對密西根州的新婚夫婦，結果發現四年研究期間內，如果婚姻關係惡化，那麼雖然當初先生對婚姻表示相當滿意，但如今在回憶中卻變爲負面。研究者指出：「這種偏頗可能形成危險的下沉漩渦。目前你對另一伴的評價愈差，過去的記憶就愈爲不堪，而這又會使你現有的負面態度更加根深柢固。」

另一方面，「改變性偏頗」在雙方關係中也可能產生影響，不過結果可能是正面的。記得一九六〇年代有首歌叫〈我愛你今天勝過昨天〉，戀人無疑會相信他們的感情會與日俱增。一項研究以約會中的情侶爲對象，每年訪談一次，請他們評量彼此的關係，並回憶以往相處的情況。結果四年內感情維持穩定的情侶，認爲自上次接受訪問後情感更爲提升。對照他們上次的評量記錄，就會發現兩次感情的評分其實差不多；但在主觀的回憶中，他們的感覺卻像上面那首歌的歌名一樣。

這種型態與前面提過的伴侶間的一貫性偏頗不同，所顯示的是一種改變性偏頗，也就是在記憶中貶抑過去，相較之下現在更顯美好。在親密關係的不同時點上，視彼此關係的性質與階段，可能會產生一貫性偏頗與改變性偏頗。克尼（Benjamin Kearney）與庫姆布（Robert Coombs）曾就婦女對婚姻的感受進行二十年的長期追蹤研究。計畫開始於一九六九年，受訪的婦女當時二十多歲，研究者分別在她們結婚十年與二十年時進行調查，因為這兩個時間點代表轉型為父母以及人生與經濟狀況進入穩定期。她們要回答的問題有些非常一般化（你對婚姻覺得有多麼幸福？），有些則較為具體（妳和先生有多少共同的興趣？）。

在回顧婚姻的前十年時，受訪者表現出改變性偏頗：雖然她們目前的感覺不及十年前，但她們在記憶中貶低婚姻初期的評價，反而覺得目前關係有改善。至於在結婚二十年時回顧過去十年時，出現的是一貫性偏頗的現象：她們認為十年前的感受與目前類似，但事實上，她們第二十年的感受要比十年前為差。這兩種偏頗都有助於婦女適應婚姻生活。第十年時回憶的正向偏差愈大，第二十年時對婚姻愈感滿意。至於第二十年對婚姻最感滿意的婦女，對婚姻第二個十年的記憶偏差最小，而最不滿意的婦女則偏差最大——也許她們的心態上一直以扭曲過去來適應目前的不幸。「往日前懷」固然受現況的影響，也反過來影響現況。

一貫性偏頗與改變性偏頗可能都有助於降低社會心理學家所稱的「認知不協調」，也就是因相互衝突的觀念與感受而產生的心理不適。我們常會想盡方法來降低認知不協調。酗酒者如果看到強調飲酒過量危害健康的最新統計資料，可能會自我安慰，說自己只不過是應酬時稍微喝酒，不然就是故意貶低這些統計的價值。同樣地，重視婚姻幸福卻事與願違的婦女，可能會藉一貫性偏頗或改變性偏頗來扭曲過去，從而使現狀比較好受一點。

就算有些人不記得自己的認知不協調由何而起，他們還是會去減少不協調的感覺。舉例來說，你參觀一家畫廊，看上某位畫家的兩幅畫作，但只買得起一幅。你舉棋不定，好不容易才下了決定，不過抱著一幅畫離開時，對捨棄的另一幅耿耿於懷。到了第二天，你發現自己其實比較喜歡買下的這一幅，於是因決策困難而產生的不協調也隨之消逝。

根據社會心理學家賴柏曼（Matthew Lieberman）與歐克斯納（Kevin Ochsner）所主持的一項研究，健忘症患者同樣會在事後誇大自己對已選定畫作的喜愛，以降低之前因抉擇困難而引發的不協調。但另一方面，這些患者根本已經忘記之前曾做過選擇！由此可以推斷，許多減低不協調的機制，包括一貫性偏頗或改變性偏頗，就算對不協調的來源已經不復記憶，仍會照樣運作。

我早就知道！

一九九九年十月，波士頓紅襪隊（Red Sox）在決賽中關鍵性的一役擊敗克利夫蘭印第安人隊（Indians），波士頓球迷紛紛看好該隊在美國聯盟冠軍賽中能擊敗紐約洋基隊（Yankees）。電台體育節目中有不少樂昏頭的人打電話進來，一一陳述爲何長期吃癟的紅襪隊有絕佳的機會能打垮強大可恨的洋基隊。等到紅襪隊落敗後，打電話的聽眾又有了相當不同的看法：「我一直認爲他們的打擊太弱。」或：「我早說過他們的投手不行。」等等。反正就連最死忠的紅襪隊迷也承認，洋基隊實在太強。

這些打電話聽眾的記憶好像深受比賽結果的左右：經由後見之明，球迷們覺得自己好像自始至終就料到紅襪隊難逃失敗的下場。由於電台打電話的聽眾不能構成具代表性的樣本，因此難以據此做出確切的推論（也許賽前打進來的多爲樂觀者，而賽後打進來的則以悲觀者占多數），不過針對運動迷所做的其他一些研究，倒是支持上面對紅襪隊球迷的解釋。

一九九五年秋季賽時，西北大學美式足球隊表現卓越，與威斯康辛、賓州與愛荷華隊伍的交手全都取得勝利。一項研究以該隊球迷爲對象，在三場比賽前後詢問該隊獲勝的可能性。結果球迷在賽後回憶時，都會誇大自己賽前評估西北大學獲勝的機會。

球迷不是唯一會說「我早就知道」的人。試看另一樁引人注目的事件：陪審團對辛普森殺妻案的判決。你還記得當初認爲陪審團判定辛普森有罪的可能性嗎？研究者曾在宣判前兩小時詢問一些學生的看法，等辛普森獲判無罪後的兩天，再詢問同樣問題。結果後面一次認爲會判有罪的比例明顯下降。

無論是推測球賽或審判結果，類似的情形其實在日常生活中屢見不鮮，一旦得知某件事情的結果，我們就會覺得自己其實早就知道。心理學家稱這種傾向爲「後見之明偏頗」，與一貫性偏頗的關係密切。

後見之明偏頗在選舉之後好像特別明顯，許多學者會侃侃而談為何選舉結果註定如此。但他們果真在選票開出前就看得如此透徹嗎？一九八〇年美國總統大選前一天，研究人員曾經請一些人預測選舉結果。等選舉結束後一天，又請另一批人回想他們在選前的預估。結果後一批人「預測」雷根獲勝的比率高於前者，而「預測」卡特獲勝的比率則低於前者。

如果人們在事後能找到正當的理由來解釋某種後果為何無法避免，那麼後見之明偏頗會越發明顯。有項研究請受訪者評估十九世紀英國與尼泊爾廓爾克人（Gurkas）的戰役。在後見之明的條件下（研究者告知獲勝的是英國），就算要求受訪者要以完全不知道結果的心態來做評量，受訪者還是會出現後見之明偏頗。當研究者為英軍的勝利提出一項關鍵性因素，如紀律較為嚴明，這種偏頗就更為強烈。但如果研究者所提示的是偶發性的因素，像是罕見的暴風雨，那麼這種偏頗就幾乎不存在。同樣地，前面提過的西北大學美式足球隊的球迷，在回憶自己過去的預測時，也會找出一些獲勝的原因，像是「我們的防守嚴密」或「他們錯失關鍵球」等等。如果在事後能建構出一個說得通的場景，使最終結果看起來無可避免，通常比較容易讓人產生「我早就知道會這樣」的感覺。

後見之明偏頗深入人心，因此即使明白提示不要考慮事件實際結果如何，還是難以完全避免，彷彿結果一旦爲人知曉，就立即會烙印於記憶中，無法再與其他決策相關資訊區隔開來。這種特性提醒我們，日常生活中遇到後見之明偏頗時，必須謹愼以對。例如你對病情診斷有疑義而尋求第二位醫生的意見時，你會希望他能不受前一位醫生意見的左右，而以全新的觀點來研判病情，否則在後見之明偏頗的作用下，就算第二位醫生再怎麼努力，也難保不會受影響。

一項研究指出，當醫生接獲已診斷爲白血病或老人癡呆症的病歷時，就算同時也接到指示，不要考慮這項結果而獨立診斷，但相較於事前毫無所悉的醫生，他們與原先診斷一致的比例仍明顯偏高。

法院的陪審團也會發生同樣的樣形。假設檢方提出一通帶有犯罪意味的電話錄音，遭到被告律師抗議，結果法官裁定此項證據不予列入，而且告知陪審團在裁決時不要納入考量。不過許多研究發現，如果讓模擬的陪審團置身這種情境，縱然明確告知不要納入考量，實際上卻難以做到。比起不曾聽過那項錄音的陪審員，他們評定有罪的比例較高。此外，就算陪審團明知不應考慮審判前大眾媒體有關被告涉案情形的報導，但只要這些證據進到了陪審員的記憶裡，他們就很容易產生偏頗，而認爲自己「早就知道」被告有罪。

由此看來，後見之明偏頗似乎無所不在：我們好像受到一股無形的驅動力，要把過去建構得與現狀相符。透過已知的結果，我們可以更輕易地找出可作爲佐證的事例。這種選擇性的回憶會受到兩種力量的影響而更爲嚴重：對事件一般常識性的觀感與理解以及張冠李戴的錯誤。

設想一下以下的情節：二十四歲的單身女郎芭芭拉，在企管研究所的班上遇到傑克，而且兩人合作進行一項課業計畫。他們開始在課後交往，聊到課業、事業和彼此都喜歡的滑雪。有一次他們上一家餐廳，傑克和侍者起了爭執，而且向芭芭拉咆哮，讓她哭著獨自走回家。課程結束的那天，傑克和芭芭拉通宵飲酒慶祝，芭芭拉也接受傑克之邀，到他父母的滑雪別墅度週末。第一天晚上，芭芭拉晚餐時喝了酒並親吻傑克。第二天滑雪之後，傑克請芭芭拉到外面吃大餐，兩人飲酒時，傑克握住芭芭拉的手。晚餐後，他們回到別墅，傑克稱讚芭芭拉性感，並傾訴愛意，而芭芭拉也吐露自己喜歡傑克。

心理學家卡莉（Linda Carli）讓一群大學生閱讀傑克與芭芭拉的故事，並說那是某一個案的女性自述的重要生活經歷。卡莉爲這個故事編撰了兩個不同的結尾，一半的學生讀到的是傑克向芭芭拉求婚，而另一半讀到的是芭芭拉遭傑克強暴。兩星期之後，這兩組學生要假裝不知道之前被告知的故事結尾，來評估其他結尾的可能性，同時也要判定某些情節是否在故事中發生過。

卡莉發現後見之明偏頗相當明顯：讀過以求婚結尾的學生認定這種結局的可能性較高，但讀過以強暴結尾的學生，卻認定強暴是可能性較高的結尾。讀過求婚結尾的人，往往會想當然耳地誤指一些符合求婚情景而並未出現在故事中的事件，像是「傑克送芭芭拉一只戒指」、「兩人共進燭光晚餐」、「芭芭拉很想結婚成家」等。但讀過強暴結尾的學生會誤認的事件，則如「傑克不受女孩子歡迎」、「芭芭拉是個挑逗男人的女子」、「兩人常在工作後到外邊飲酒」等。此外，愈容易記錯故事情節的人，後見之明偏頗也愈高。

上述的結果顯示，在重新建構過去曾讀過的篇章時，容易引發腦海中與已知結局相符的一般知識。像上面兩種版本的結尾，就會讓受測者產生不同的錯誤聯想。有時他們會張冠李戴，誤認這些情節出自故事本身，而這些虛構的記憶又更加助長他們的信心，堅信自己「早就知道」故事結局將會與之前所讀過的一致。

後見之明偏頗值得憂慮之處，在於它會減少甚至阻絕我們由經驗中學習，因爲認爲自己早就知道結果如何，就不會認真反省事件所能帶來的教訓，而且也容易讓人自以爲是，過度膨脹對自己智慧與靈感的評價。因此，後見之明偏頗帶有自我美化的效果。

各說各話

一九五八年的音樂劇《琪琪》（*Gigi*）中，有一幕是男女主角回憶起多年前兩人最後一次約會的情形，主題曲叫〈我記得很清楚〉。可是由歌詞可以看出來，雖然兩個人的回憶都好像極其逼真，但彼此卻牛頭不對馬嘴。

男：我每件事情都記得，就像昨天才發生一樣。我們在九點碰面。

女：我們在八點碰面。

男：我準時到達。

女：不，你遲到。

男：噢，我記得很清楚，我們和朋友們共進晚餐。

女：只有我們兩個人。

男：有個男高音演唱。

女：男中音。

男：噢，我記得很清楚，四月的月光令人目眩。

女：那晚沒有月亮，而且時間是六月。

後面還有一大段歌詞，各說各話的情況也不斷繼續下去。雖然其中任何一件事都一定有一方記錯，可是誰也不承認。不少夫妻在生活中都可以找到類似的例子，只是沒有這麼極端罷了。最近在聖誕節的聚會上，一位我實驗室的研究生幾乎和先生大打出手，原因就是兩個人對去年聚會時是誰做甜甜圈各執一詞。她清清楚楚記得自己如何製作的細節以及如何招待大家的情景，她的先生亦復如此。

如果我們能毫不費力地記起某件事，而且連細節也歷歷在目，我們自然會比較信任自己而非別人的記憶。自己記憶有多清晰，自己能直接掌握，但對別人的記憶卻做不到，因此我們容易走上自我侷限之途，堅持自己的觀點才是唯一的真實。這種「自我中心偏頗」往往使夫婦在回憶共同的往事時出現歧異。根據一些針對已婚或約會中男女所做的研究，在問到各類事項中彼此負擔的責任如何時，無論男女，對自己所負責任的評估，都會高於對方的評估。例如在問到金錢的運用或擬定渡假計畫等等，你可能自認爲自己負擔八成的責任，而對方卻自認負擔四成的責任（也就是你占六成），雖然雙方對誰的貢獻比較大看法一致，但其中一方或雙方對自己的份量卻有誇大之嫌。這種自我中心偏頗就算在負面事件中也會出現，例如有人會將發生爭吵的責任過度往自己身上攬。這種偏頗之所以發生，可能是因爲一般人對於自己的言行總比別人的言行要記得清楚，而實驗結果也的確支持這種說法。

由自我中心偏頗，可以看出在心智活動的組織與規範上，「自我」扮演重要角色。不少心理學者將自我形容爲繁複互聯的知識結構，也就是個人特質與經驗累積的所有資訊總和。許多研究指出，如果將新資訊「收錄」時，讓它和我們的自我產生關聯，那麼日後對這項資訊的記憶會優於以其他方式收錄的資訊。如果我問你，「誠實」或「聰明」是否是形容你的恰當字眼，那麼你對這兩個字眼必然印象深刻，但如果我問的是「誠實」或「聰明」是否適合用來形容你的朋友或某位名人，你對這兩個字眼的記憶就未必這麼清晰。另一方面，與其專注於單字的字義或一些與自我沒有直接關聯的特性，不如將自我因素納入收錄方式，記憶效果會更好。

然而，自我往往算不上客觀的觀察者。我們的社會（編按：指美國社會）常鼓勵人自視過高，對本身的能力或成就抱持不切實際的誇大想法。社會心理學者泰勒（Shelley Taylor）指出，人類經常會有「正面幻象」，對本身價值過度高估。例如，大多數人都會認為自己的正面人格特質高於平均水準，而負面特質則低於平均水準，但由統計上來看，不可能大多數人都超越平均水準，因此其中有些人的自我評估必然不盡確實。同樣地，一般人也比較喜歡把成功歸功於自己，把失敗諉之於外在的力量。

由於自我在記憶的收錄與檢索上扮演重要角色，加上一般人有自視過高的傾向，因此對過去的經驗如果有記憶偏頗，很容易出現自我美化的現象。舉例來說，我們告訴一組受測的大學生，內向是良好的人格特質，而且是學業表現優異的關鍵，但告訴另一組學生外放是良好的人格特質，接著請兩組學生回想自己內向或外放行為的事例。結果相較之下，前一批學生回想起自己內向行為的速度比較快，顯示他們因希望自己表現出正面形象，所以記憶的檢索出現偏頗，以挑出過去事例中符合內向特質的部分。

同樣的過程也在日常生活中發生。我們都喜歡重新詮釋過往，以提升現時的自我評價。你還記得自己高中的成績嗎？你有多少科目得的是A或D？你對成績好的科目大概記得比較清楚。有項研究是讓大學生回想高中成績，然後與實際資料比對，結果發現成績爲A的科目正確性很高（八九％），但D的科目正確性卻極度偏低（二九％）。

離婚也會加重自我美化的記憶偏頗。新近離婚夫婦在回顧過去的婚姻時，雙方往往會以非常分歧但卻符合本身立場的觀點來描述過去。有位男士在回想婚姻失敗的原因時，想到的是：「她滿腦子只想到可以存錢到銀行。」但他的前妻回想起的卻是：「我先生好像一心只想賺錢。」另一位男士將離婚歸因於他遇到一位「更年輕貌美」的女性，但他的前妻卻認爲那位女性是「不折不扣的蕩婦」。

自我美化的偏頗也可能源自於過度誇大過去所遭遇的困難。設想一下，如果你很緊張地準備一項高難度的考試，最後終於安然過關。在考前你究竟有多緊張？某項研究曾以一批研究生爲對象，請他們在參加重要考試前記錄下自己的緊張程度，然後考試之後的一個月，再請他們回憶考前的緊張程度。結果這些學生普遍誇大了自己原先的緊張程度，而那些順利通過的學生記憶偏頗尤爲明顯。誇大自己的緊張，更能強化目前的成就感，增加他們對自己應付逆境本領的驕傲與自信。捐血人也常有類似的記憶偏頗，他們在回憶時會誇大捐血前的焦慮不安，以凸顯自己終能克服障礙而完成義舉的勇敢氣概。

我們有時會藉貶低過去的自我，來維護或強化對現時自我的觀感。女星泰勒摩爾(Mary Taylor Moore)在一九九七年接受雜誌專訪時曾這麼說：「活到目前爲止，現在可以說是我最滿意的。我很驕傲自己能成爲一個比自己原先所想像還要溫柔的人。現在我不像以前那麼挑剔別人，對自己也比較不挑剔。」也許泰勒摩爾的確能與時俱進，不過心理學家羅斯卻指出，泰勒摩爾把過去的自我回憶成既不及現在溫柔，又比較挑剔，其實也是在提升現時自我的價值。羅斯發現，一般人往往對當前自我的評價高於過去自我。這種傾向可能反映真正的與時俱進，但也可能代表貶抑過去自我的傾向。後一種可能性倒是與一項研究的結果相符，因爲接受訪談的大學生與中年人，絕大多數都認爲自己目前優於同儕，但對過去的自我則沒有這樣的看法。前面提過，一個團體中不可能有大多數人都高於平均水準，所以顯示有人是藉貶抑過去的自己來膨脹現時的自我價值。

因此，自我中心的記憶偏頗反映於幾種相關的現象上——選擇性回憶、誇大過去的困難、貶低過去的自我——使目前的自我籠罩在虛幻的正面光環中。

黑街上吹口哨

美國黑人記者史泰坡斯（Brent Staples）曾提過，當他在芝加哥大學就讀時，喜歡晚間在湖畔散步。有一天他覺得很喪氣，因爲有位白種的上班族女性察覺到他走在街上，就匆匆避開，後來還跑了起來。史泰坡斯回想道：「當年我好傻，走在街上時，會一面微笑向別人道晚安，卻把他們嚇得半死。」爲了減輕別人的疑懼，表現自己並非跟蹤街上的白種人或有什麼惡意，史泰坡斯開始以口哨吹出維瓦第（Vivaldi）的《四季》，表明他只是一位善意的漫步者。根據他的說法：「當他們聽到我吹的曲子時，身體不再緊繃，有些人在黑暗中擦身而過時還會對我報以微笑。」

史泰坡斯之所以要吹維瓦第，是因爲他的出現會勾起路上白人記憶中對黑人的刻板印象：走在暗夜黑街上，遇到黑人會有危險。腦筋聰明的史泰坡斯想出一個有效的法子，可以免於在這種錯誤的刻板印象下遭人誤解。

刻板印象是對過往經驗的類型化描述，藉以對人或物予以分類。許多社會心理學者認爲，刻板印象是一種「省力」的工具，可以簡化理解周遭社會的工作。如果把碰到的每個人都視爲獨一無二的個體，就得花費不少心力來認識他們，所以我們常發現，根據制式化的綜合歸納比較省事。至於歸納的準則有好些不同的來源，像是和別人的討論、文字或電子媒體、第一手的體驗等。雖然仰仗這些刻板類型可能使認知活動較爲省力，但卻也可能導致一些反效果：當刻板印象並不適用於特定案例時——如上述史泰坡斯的例子——它所造成的偏頗可能導致判斷錯誤與不當行爲。

著名社會心理學家歐波特（Gordon Allport）是刻板印象雙重性與種族偏見的研究先驅。他承認刻板印象有助於將世界分門別類，但：「我們常在歸類時犯錯，而給自己帶來麻煩。」在他一九五四年的經典著作《偏見的本質》（*The Nature of Prejudice*）中，歐波特已經預見幾十年後史泰坡斯面對的問題，他寫道：「黑皮膚的人會引發我們腦海裡對黑人先入爲主的觀念，如果其中居主導的類別包含的是負面的態度與信念，我們自然而然會規避這個人，或是採取最現成的排斥習慣。」

歐波特的說法相當具有先見之明，因爲近年的研究已證實，刻板印象偏頗可能會自發地產生，超乎我們有意識的知覺以外。早期這方面的研究採用「下意識促發」(subliminal priming)，也就是將許多單字連續快速展示，讓受測者來不及在意識層面感受。在一項對美國白人學生的研究中，一組受測者所接受的下意識促發，包含的是對黑人帶有刻板印象的字眼，如「社會救濟」、「貧民窟」等，另一組接受的是中性字眼。接著研究展示一位未標明種族的想像中男性，詢問這些學生的看法。這時前一組學生比較傾向認定這位男性具有敵意，而且無論他們在先前問卷上表明自己是否存有種族偏見，發生偏頗的程度都差不多。這就表示，就算自認不帶種族偏見，也可能會不知不覺被引發「刻板印象偏頗」。

不過英國最近的一項研究發現，偏見程度還是具有差異。英國學生和前述美國學生一樣，無論自認是否帶有種族偏見，在下意識灌輸過種族刻板印象字眼後，都比較容易認定某個未標明種族的幻想人物帶有敵意。然而，如果灌輸的是中性字眼，像是「黑人」、「有色人種」、「非裔」等，那麼只有種族偏見強的人才會呈現偏頗效果。

刻板印象偏頗還可能導致其他惱人的影響，像是「記得」聽過某些子虛烏有的黑人罪犯。耶魯大學的班那吉（Mahzarin Banaji）等人讓學生看過一些男性名字，並告知其中有些名字看似熟悉，是因為他們是媒體近期所報導過的罪犯，但其實名單中並沒有任何罪犯。結果學生指認的罪犯，屬於典型黑人名字的要比典型白人名字的高一倍。就算指認前研究者特別提醒：「帶有種族主義偏見的人，指認的黑人名字要多過白人名字；請你不要以姓名所代表的種族作爲判斷的依據。」但這種偏頗實際上還是難以避免。

偏頗效果不限於種族問題上，班那吉等人所進行的另一系列研究，是讓受測者看一堆名人和普通人的名字，然後再舉出一些名字，請他們判定是否爲名人。由於受測者對先前看過的普通人名字留下了印象，所以有時會發生誤指，類似我們在第四章所提過的張冠李戴。不過在班那吉的研究中，「誤認名人」的錯誤發生在男性名字上的比例遠高於女性名字，反映了一種性別的刻板印象——男性比較可能是名人。

或許有人會辯稱，這種刻板印象情有可原，甚至合情合理，畢竟社會裡的名人以男性居多。同樣地，黑人男性的犯罪率也高於白人男性，這可能就是芝加哥街頭夜行者對史泰坡斯退避三舍的原因，畢竟芝加哥大學一帶緊鄰高犯罪的黑人區。純就統計上的分類——性別或種族——刻板印象偏頗倒未必有錯，問題是有人全然不分青紅皂白地根據這些偏見行事，形成「以聯想定罪」（guilt by association），也就是個人受到歧視並非由於本身行爲或特性上有何差錯，純粹只因他被歸屬於某個群體。

「刻板印象偏頗」不只影響我們的所思所行，還會波及記憶。如果我告訴你，一位名叫朱里安的藝術家有創意、有個性、叛逆、大方、勇敢、謙虛，那麼你日後比較可能記得的是前三項特質，因爲它們比較符合一般人對藝術家的觀感。當一個人對特定群體有強烈的刻板印象，特別容易出現這種相符性的偏頗。例如某個種族偏見很強的人，對黑人的行爲會有較多刻板印象式的記憶，凡不符這類刻板印象的行爲就比較記不住，這種傾向容易形成惡性循環，從而更爲強化刻板印象。

如果我們腦筋裡有太多其他的事，而不肯花腦筋去記住每個人個別的特性，容易產生刻板印象偏頗。根據實驗研究結果，在形成對某人印象之際，如果手上同時有重大工作待處理，刻板印象偏頗會最爲顯著。舉例來證，當你首次與藝術家朱里安碰面時，腦筋裡正想著一次重要的會議或即將要參加的考試，那麼你日後對朱里安的回憶，大概也只是有創意和有個性的藝術家而已。但如果你能多用點心，以一個獨立個人的角度來觀察他，那麼日後你應該可以想起與刻板印象並不相符的更多資訊。比如說，如果你發覺朱里安的情緒似乎出奇地平穩，可能會感到訝異，因爲這不符「藝術家都是性格鮮明」的刻板印象。由於這明顯的牴觸之感，你在收錄時會下一番工夫，所以日後就能清晰回想起朱里安平和的個性。

當事件發展不符我們由刻板印象與相關常識而得到的預期，我們可能會設法編造虛構的事件，以期使記憶與預期相符。且讓我們看一個故事：一個叫鮑勃的男子，很希望能與女友瑪姬共結連理，但婚後不想生小孩，他很擔心瑪姬知道後會有什麼反應。在此故事分爲兩個版本，在版本一裡，瑪姬聽到不要小孩時十分高興，因爲這恰好符合她的生涯規畫；在版本二中，瑪姬的反應則是大爲震驚，因爲她很想要小孩。現在考慮一下兩種可能的故事結尾：兩人結婚或兩人分手。

如果你聽到的版本是瑪姬對鮑勃的求婚十分高興，那麼你預期他們應該會結婚，但如果結局是兩人告吹，你會覺得很意外，因爲這讓人感覺矛盾。另一方面，如果你聽到的版本是瑪姬大爲震驚，那麼情形就剛好相反，你會因聽到兩人結婚而感到意外。根據實驗結果，聽到牴觸性結尾的人，對事件的記憶容易產生差錯，而這些差錯能使結局看來不致突兀。例如，聽到瑪姬大爲震驚，但後來還是結婚的人，回憶時會無中生有地編出一段：「他們原已分手，但經過討論之後，發現重要的是兩人相愛。」至於聽到瑪姬十分高興，但兩人居然分手的人，編出的情節大概是：「某一方的家長有意見。」或：「他們對生小孩的事意見不一致。」

《一九八四》中的真理部負責篡改歷史以符合當前的教條，而我們的一般性知識則會扭曲故事情節，使記憶能與預期吻合。《一九八四》中修改與編造的工作落在真理部員工的身上，而在記憶的世界中，偏頗又是如何產生的？這就不能不提人類大腦中最不可解的一個次系統。

偏頗的根源

一九六〇年代末期，神經心理學家描述了一種奇特的症狀，立即引發科學家與一般大眾的好奇。某些棘手的癲癇症患者，經過分割大腦左右半球的手術後，好像在同一個身體裡擁有雙重心智。我們的左腦負責處理語言與符號，而右腦則掌管非語言資訊，如圖像或空間位置。這些患者在日常交談與社會互動上並無異狀，但經過仔細的心理測試，卻發現在某些經過設計的狀況下，他們的左腦或右腦可以在另一方毫無知覺的狀況下獨立消化進入的資訊。

神經科學家加桑尼加（Michael Gazzaniga）是對這類患者的研究先驅，他曾利用巧妙的實驗程序來創造左、右腦間因隔絕而造成的衝突，藉以呈現左腦善於解釋與合理化的傾向。例如，對患者右腦閃過「走路」指令，患者會在左腦毫無所悉下起身行走。這時如果問患者爲何走路，患者——現在是靠左腦回答——會說自己要去拿飲料。在另一個案例中，加桑尼加把一張覆蓋著白雪的房屋圖片展示給右腦，而左腦看的則是一隻雞爪，接著患者就要由一些圖形中，選擇和他剛才看過圖片相關的。結果患者右手（由左腦控制）選的是公雞，而左手（由右腦控制）選的是雪鏟。面對左、右手分指不同圖形的奇怪情況，患者訴諸於掌管語言中樞的左腦（對呈現給右腦的雪景圖片一無所知），立刻編造出一個解釋。他說左手之所以選擇鏟子，是爲了用來鏟除雞糞。左腦不知左手選擇鏟子的真正原因，卻自信地——但錯誤地——想出一個事後合理化的藉口，使看似沒道理的選擇變得有理。

基於上述這類觀察，加桑尼加認爲左腦內含一具「解釋器」，不斷援用一般常識與過往經驗，使我們的心理世界秩序井然。這些活動可能形成本章前面探討過的記憶偏頗。加桑尼加與費爾普斯（Elizabeth Phelps）以腦部分割的患者爲對象，讓他們觀看一系列幻燈片，內容是一個人起床到上班的日常活動，然後再對左、右腦的記憶進行測試。他們會展示稍早出現過的活動（如看鬧鐘的時間），也會展示與剛才系列活動無關的圖片

（如修理電視），更重要的是，他們也會展示一些符合起床到上班刻板印象的事件，但剛才卻未出現過（如在床上坐起來、刷牙）。

左腦經常會誤指符合刻板印象的虛構事件，而右腦卻少有這種情形。這是因爲左腦的解釋器發揮作用，根據一般常識來認定起床到上班會發生的活動，以致產生了偏頗。雖然左腦的反應看來合情合理——我們通常起來時會坐在床上，然後刷牙——但卻不適用於這一測試中所展示過的圖片。

這種偏頗非常類似早先提過的刻板印象偏頗。左腦在找尋過去與現在的關聯時，舉凡推論、合理化、一般化，都是可能用到的手法，也可能因此助長了其他各類偏頗。左腦的解釋器或許能爲我們的生活增添秩序感，讓我們對目前的態度與過去的行爲或感受相互協調，給予我們確知事物未來如何發展的篤定感，或是提升我們對自己的評價。然而，也有引領我們誤蹈妄想之途的危險。如果左腦解釋器所提供的解釋或藉口造成嚴重的偏頗，使我們無法如實看清自己，那麼恐怕還會再重蹈以往失敗的覆轍。

幸好，右腦的系統比較能與外在世界的制約協調，以平衡左腦的解釋器。就像在費爾普斯與加桑尼加的記憶研究中，右腦只如實記住真正經歷的事情，幾乎完全不會與未曾發生的類似事件相混淆。在我的實驗室中，有一項由庫茲塔所主持的fMRI研究，發現右腦視覺皮質對相同東西（兩次看到的是一張桌子的同一張照片）或是類似的東西（兩次看的是兩張不同桌子的照片），能夠分辨得淸楚，但左腦視覺皮質面對完全相同或大致類似的東西，所產生的反應都相當類似。

右腦根據事實而反應的特性，對於比較大而化之的左腦可以產生約束作用。在歐威爾《一九八四》一書中，眞理部至高無上的威權不受任何節制，結果形成極權的災禍。左腦解釋器如果恣意而行，或許也會爲我們的心智釀成同樣可怕的後果，因爲毫無檢點的偏頗與合理化，可能使我們墜入自欺欺人的無底深淵，但幸好人類大腦設計有一套歐威爾恐怖情節中所欠缺的制衡機制。不過，人類認知中仍存有好幾種根深柢固的偏頗，要能完全淸除或克服並非易事。我們所能做的，充其量只是警惕自己：現有的知識、信念與感受，都可能影響我們對過去的回憶，並影響我們目前對人對事的印象。只要善加留心，並認淸自己的信念源頭何在，那麼爲種種目的而扭曲記憶的情事當可減少。

第七罪　糾纏

一九八六年十月某個晴朗的午後，一群加州天使隊（California Angels）的球迷興高采烈地爲家鄉的棒球隊加油，因爲眼看著天使隊即將在大聯盟總冠軍賽中擊敗強敵波士頓紅襪隊。

這是總冠軍賽第五場比賽的第九局，目前的比數是五比二，幾乎相當篤定天使隊即將獲勝，而且在取得這場勝利後，天使隊就將以四勝的戰績獲得總冠軍。然而紅襪隊全力反攻，把比數拉到五比四，而且二出局後一壘還有人。此時天使隊的教練決定換上王牌救援投手摩爾（Donnie Moore），好終結對方的打者韓得森（Dave Henderson）。摩爾上場後立刻投出兩好球，正當天使隊的球迷與隊員準備開始慶功之際，原先好像已經垂頭喪氣的韓得森獲得了一個壞球，免於被三振出局。此後韓得森更是時來運轉，竟然將摩爾投過來的球遠遠打到左外野方向，擊出獲勝的全壘打！摩爾和他的隊員，還有場邊的觀眾，難以置信地看著韓得森奔回本壘。天使隊在以後的賽局中一直未能回復優勢，終於將總冠軍讓給了紅襪隊。

隨著時間的流逝，天使隊的球員和球迷逐漸走出了這場失敗的陰影，但摩爾卻做不到。他腦海裡一直縈繞著韓得森的那隻全壘打，雖然隊友以他在同一球季內其他成功的救援來安慰他，但他所關注的卻只有那致命的一球，把球隊的敗績歸咎於自己。當然球迷和媒體不時提及，更使他無法忘懷此一記憶。摩爾陷入日益嚴重的憂鬱中，婚姻與事業都出現危機。一九八九年七月，摩爾的沈淪畫下殘酷的句點。「爲了一球的回憶飽受煎熬。」美聯社的報導如此開場：「並因事業不振與婚姻問題而消沈，前天使隊投手摩爾向妻子發射多發子彈後自殺身亡。」摩爾的經紀人提及：「雖然大家勸他，一球的表現並不能決定整個球季的好壞，他卻沒法恢復過來。那支全壘打殺死了他。」

雖然未必能將摩爾的崩潰完全歸因於單一事件，不過他的悲劇的確是一個鮮活的實例，可以用來說明記憶的第七罪，也可能是最損人的一項：反覆糾纏。我們之前提過的健忘、失神與空白，都屬於希望記得卻偏偏忘記的情形，而糾纏卻是明明希望忘懷，卻一直揮之不去。有時它只不過讓人覺得困擾，像我們都有過某段旋律或某首歌曲一直在腦海裡不停響起的經驗，一開始可能還覺得有趣，可是時間一久，一直反覆「聽到」同樣的旋律會令人厭煩，巴不得能趕快由意識中驅逐。這類揮之不去的記憶有時會使人分心，無法好好從事更重要的工作。我還記得高中時的狼狽經驗，有次考試時，一首我喜愛的歌曲一直在腦子裡響起，害得我幾乎不能好好作答。我在哈佛的一個學生也提過同樣惱人的經驗以及他的應付之道：

「期末考時，我們可以攜帶一張兩面的複習紙進考場。我把必要的資料抄錄完畢後，發現紙上還有剩餘的空白，於是決定把自己喜歡五首歌曲的歌詞抄上去，免得像前一天考試時一樣，因爲一首歌曲在腦子裡轉個不停而無法專心應答。結果這次考試時，我只要看著複習紙上的歌詞，就不再會受到那首歌曲的干擾了。」

「腦子裡反覆響起的旋律」雖然惱人，但畢竟不算常見，通常後果也不嚴重，而且可以運用上述所提的技巧加以克服。但摩爾身上所表現的記憶頻頻再現就嚴重得多，這雖然屬於極端的例子，但仍可讓我們略窺記憶盤桓不去的主要溫床：失望、悔恨、失敗、傷心、創傷。那些我們極力想驅散的記憶，卻不時侵入腦海，深深影響我們對自己的看法以及對未來的期望。

情緒性回憶特別清晰

由於記憶縈繞心頭和情緒的起伏關聯密切，因此我們必須對情緒與記憶的關係有所瞭解。無論由日常生活經驗或實驗研究，都顯示情緒性的事件比較容易被人記住。情緒高漲始於記憶產生之時，而這時是否專注認真，正是日後遺忘或牢記的關鍵。許多心不在焉的事例可以說明，如果我們對流入的資訊未加留神或精心收錄，事後能記得的機率就微乎其微。

根據實驗結果，情緒性資訊能迅速而自動地引起注意。如果應用著名的「史楚普作用」(Stroop effect) 來進行實驗，以黃色寫「黃」字，以藍色寫「紅」字，以黑色寫「綠」字，然後試著說出每個字的顏色。你會發現，要說出「黃色」很容易，但要說出「藍色」和「黑色」就沒那麼容易，因為用它們寫出的字分別是「紅」與「綠」，和你要說出的顏色不一致。同樣地，情緒性的字眼，如「悲哀」、「快樂」，也有類似的作用。比起「潮溼」

等中性字眼，要說出情緒性字眼是用什麼顏色寫出的，花費的時間會比較久。情緒性的字眼似乎會自然而然地引人注意，以致干擾到對顏色的指認。在閱讀每個字的瞬間，它的情緒意涵受到我們意識的搜尋與評估，因而影響我們唸出與收錄的速度。

經過初步的自動評估後，情緒性資訊還要通過當前目標與利害的評估。我們的目標可能是短期（三振對方以結束比賽），也可能是長期（在球季內表現優異以獲得加薪）。當我們的行動妨礙到目標的達成，像是摩爾的例子，就會感到傷心、挫折或失望。當我們的行動使目標得以完成——假設摩爾成功地三振韓得森——我們會感到高興或志得意滿。把當下經驗連結到短期或長期目標時，也就等於在進行一種反省與分析——精心的收錄——有助於強化日後對這項經驗的回憶。

情緒性事件經過初步自動評估以及進一步的反思之後，固然令人印象比較深刻，但是也要付出相對的代價。假設有位銀行客戶看到搶案在眼前發生，歹徒揮舞槍枝準備逃逸。這名客戶滿懷恐懼，注意力全集中在這項武器上，因此稍後她能非常詳盡地回憶起這把槍枝的特徵，但請她描述歹徒相貌時，她就只有模糊的記憶，幫不了警方什麼忙。心理學家將這種現象稱爲「武器焦點」。能激發情緒的事物，自然而然就會吸引一個人的注意力，以致無法注意到周遭其他事物。實證結果顯示，一般人通常對引起情緒騷動事件的核心焦點記憶清晰，但付出的代價卻是對周遭細節印象模糊。

不論正面或負面的事件，只要引發情緒反應，日後的記憶就特別深刻：我們對生命中高、低潮時刻的記憶，遠比平淡的日子來得強烈。正面經驗也和負面經驗一樣，往往會不期然地侵入腦海，讓我們不由自主地回想起來。一項實驗研究是由大學生在日誌中記錄情緒事件，結果有九成參與者日後會不經意地想起這些正面或負面事件，而且事件原先引發的情緒愈強烈，侵擾性記憶（intrusive memory）也愈頻繁。不過，正面的回憶通常是受歡迎的不速之客，有誰不喜歡沐浴於成功或幸福的光環中，回味商場的成功、競賽的勝利或浪漫的邂逅？而負面的回憶就絕對不會受到歡迎。

長期以來，心理學者一直爭辯究竟正面或負面經驗比較讓人難忘，但迄今尚乏定論。不過心理學家歐克斯納在我的實驗室曾進行過一些實驗，結果有一些有趣的發現。他讓受測的大學生觀看一系列正面、負面或中性的照片，如微笑的嬰兒、畸形的面孔、普通的建築等。在稍後的測試中，正面或負面的照片比較會給辨識出來，而且程度不相上下。但是歐克斯納進一步詢問受測者如何認出照片時，卻可以看出正面與負面記憶的差別。

受測者認出正面照片往往是因爲看來很熟悉，但對於負面照片，他們就會回憶起原先看到時所感受的細節。如果我們對負面事件的記憶比正面事件更爲詳盡，那麼很可能那些希望能忘卻的痛苦經驗，反而會長久地點滴在心頭。

令人傷痛的回憶

一個人是否會長期爲反覆糾纏的回憶所苦，部分取決於在負面經驗之後發生了什麼事。隨著時間流逝，不愉快事件的傷痕常會淡化。我們都有過傷痛的經驗——摯愛之人過世、失戀、工作不如意——使自己好幾天或幾個星期痛不欲生。剛開始時，重新體驗痛苦的往事可能會令我們難以承受，但傷痛最終會消散平復。近期的資料指出，負面情緒可能消退得比正面情緒還快。在一項實驗中，一群大學生記下每天的生活經驗以及自己的相關情緒，三個月至四年後再回憶當時的情景與感受，結果不愉快情緒的記憶的確消逝得比較快。

如果傷痛經驗發生後，不斷有事物讓人回憶起這段往事，那麼痛苦的情緒就消退得比較慢。偉大的小說家馬奎茲（Gabriel GarcíaMárquez）在《愛在瘟疫蔓延時》的開頭就這麼說：「那是難以迴避的：苦杏仁的香氣老是提醒人單相思的下場。」不斷的提醒會令人愈發去回想痛苦經驗的細節，最後這種揮之不去的記憶可能變得無法忍受。在韓得森擊出全壘打之後的好幾個月，記者、球迷、媒體還是不斷談論這件事，使摩爾無法在時間中止痛療傷。他的隊友就曾指責媒體毫不留情地在摩爾耳邊提起這件事：「你們讓一記投球摧毀了一個人的生命。你能聽到的、看到的，全都是那一記投球。」

我們聽人提到自己不愉快的經驗時，也可能會進行心理學家所說的「反事實思考」，也就是設想另一種狀況下會出現什麼情景。曾經投資過股票的人對於這種思考都不會陌生。你持續追蹤一支股票，眼看它穩步攀升，最後終於鼓起勇氣進場，結果擔心的事卻很快出現——股價開始回檔，幾天之內就虧掉了兩成。你無助地看著股價直直落，對自己魯莽的投資充滿了懊悔。「如果我有點耐心，等股市下跌時再進場就好了。」每當回想起自己下定決心買進股票的那個時刻，你都會如此責備自己。午夜夢迴，你會反覆思量自己的投資決策，想像如果能晚個一兩天進場，現在該有多高興。這種反事實思考很容易讓人產生上一章所談到的「後見之明偏頗」。

最近我到佛羅里達參加一項冬季研討會時，也曾發生過一段反事實思考的插曲。我原本預定星期五晚上返回波士頓，但氣象預報說即將有大風雪來襲，因此班機肯定會取消。究竟我該早點離席，碰碰運氣能否在天氣惡化前趕回，還是乾脆放鬆心情，多享受一兩天佛羅里達的陽光？猶豫一陣後，我決定要碰碰運氣，結果也幾乎成功了：班機已經準備在波士頓降落，而我也應該可以在大風雪之前趕到家。沒想到此時天候急速惡化，駕駛員無法降落，最後只能緊急降落在緬因州。經過十八小時的漫長等候，飛機再次起飛，卻仍然無法降落，結果轉往紐約的甘迺迪機場。最後我是和其他幾名同樣狼狽的乘客，連夜搭汽車回到波士頓。幾番折騰中我不斷問自己，幹嘛不安份地待在陽光下？我會回想決心碰碰運氣的那一刻，想像自己打電話給航空公司，做出目前看來明智的決定——延後班機，在佛羅里達多待一下。

如果認爲自己有能力卻未曾防範某件悲劇發生，那麼反事實思考的夢魘可能更形嚴重。舉例而言，朋友或親人自殺，常會令周遭的人有揮之不去的反事實念頭，想像如果自己當初如何如何，就可以讓親愛的人不致於輕生。英國的自殺研究專家威廉斯（Mark Williams)曾說：「有些人會怪自己不曾設法干預，不斷地在腦子裡思索如果做了些什麼，就可以防止事情發生。」就算心愛的人是因病過逝，哀傷的家屬往往還是會在腦海裡反覆思量：「彷彿藉著不斷重演事件，就可以化解或改變既成的事實。」一位因反事實思考而身心俱疲的未亡人這麼說：「我一次又一次回顧在醫院的最後一星期，當時的情景好像已被拍攝於腦海中。」實驗研究與上述生活中的實例相符，證明負面經驗確實比正面經驗更會引發事後的反事實思考。

不活在過去

揮之不去的記憶與反事實思考，幾乎都與重大事件——如心愛之人死亡——脫不了關係。不過每個人面對不如意或挫敗的反應，至少有部分取決於他對自己的看法。即使不斷有人在一旁無情地提及失敗的經驗，也未必每個人都會陷入反事實思考或盤桓不去的記憶，讓自己像摩爾一樣無法自拔。以下是一個相反的例子：一九九九年七月，原本藉藉無名的法國高爾夫選手凡得維德（Jean Van de Velde）在英國公開賽的決賽中一路領先，引起國際矚目。在第十八洞時，凡得維德還有領先三桿的優勢，只要接下來打得不太離譜，冠軍似乎已是囊中物。沒想到他居然一球打進了水裡，使這洞的成績高於標準桿三桿，令全球萬千球迷為之錯愕。凡得維德因此和另兩人打成平手，並在加賽後與冠軍擦身而過。

由於這次挫敗如此慘重，第二天倫敦的報紙宣稱，凡得維德終其一生都將為這一痛苦的回憶所困擾。但情況並非如此。雖然在失敗後的幾天內深感挫折與失望，凡得維德卻不像摩爾，成為反覆糾纏的回憶的俘虜，也沒有不斷進行反事實思考，假想自己在十八洞時該如何如何。相反地，他說明了自己當時決策的理由，並且以更寬廣的角度來看待這次經驗，因為他認為高爾夫畢竟只是生活的一部分而已。凡得維德對自己以一個新人而能在這場國際性賽事中嶄露頭角，表現出欣慰之情。幾星期之後，記者詢問他怎麼能把事情處理得這麼好，而且不會反覆回顧最後一洞的情況，他的回答是：「我不是活在過去。」

摩爾與凡得維德截然不同的命運可以提醒我們，挫敗不見得會導致揮之不去的回憶，關鍵在於我們如何評估與衡量發生在自己身上的事情。心理學家把會影響現時評價的過去經驗彙總稱為「自我輪廓」(self-schemas)，涵蓋了我們對自身特性的評量。如果請你自我評量一下，以下哪些字眼最適合來形容你：悲傷、樂觀、成功、沈悶，那麼你會參照自我輪廓來做出評斷。情緒健全的人通常選擇正面的字眼多於負面，而情緒抑鬱的人恰好相反。憂鬱者往往伴隨有高度負面的自我輪廓，以致習慣性地自認爲能力不足或帶有缺陷。

俄國大詩人普希金（Alexander Pushkin）以他的詩句捕捉了箇中滋味，懷抱追索之情的記憶，凸顯了負面的生命捲軸或自我輪廓：

凝滯的黑暗中出現的咬嚙，
來自燃燒的悔恨之蛇；
夢在沸騰；而騷亂的惡運
在我不勝負荷的靈魂中湧動，
記憶在我不眠之眼前方
以無聲之手展開她綿長的捲軸。
接下來，我帶著厭惡吟讀過往歲月，
我戰慄，我咀咒自己的出生，
痛苦地悲號，痛苦地流淚，

卻無法將這悲慘的捲軸洗去。

負面的自我輪廓提供豐富的資訊，使負面經驗可以輕易地進行收錄與檢索，因此也就容易導致憂鬱。哈佛心理學家戴爾定（Patricia Deldin）發現，憂鬱會影響資訊收錄時的腦電活動模式。和健康的受測者相比，憂鬱的患者對負面字眼會呈現較強的腦電反應。由於這種差異產生於新記憶誕生的瞬間，因而使負面經驗令人難以忘卻——從而更增強憂鬱的情緒，形成了無止盡的惡性循環。

負面記憶與憂鬱的糾結

我們不清楚摩爾是否因抱持極度負面的自我輪廓，以致特別容易受反覆糾纏的記憶所困擾，我們也不知道凡得維德是否擁有高度正面的自我輪廓，因此得以不受到侵害，不過我們確實瞭解，長期爲憂鬱症所苦的患者，特別容易有反覆再現的記憶。倫敦大學心理學家布魯文等人的研究發現，和健康人相比，憂鬱症患者記憶受負面經驗干擾的情況要嚴重得多。在他們的一項研究中，因近期遭遇死亡、疾病或侵害事件而陷入憂鬱的患者，全都表示該項痛苦事件的記憶持續侵擾他們。

布魯溫也針對近期經診斷患有癌症的人進行訪談。他發現有些人陷入嚴重的憂鬱，有些人只有輕度憂鬱，還有些人並不覺得憂鬱。其中以嚴重憂鬱的人最常有侵擾性記憶——主要與疾病、傷害與死亡有關，這種情況可能使他們的負面情緒更爲惡化。實驗資料顯示，目前的心情狀態會影響檢索的回憶類型：心情愉快時，正面的經驗比較容易湧上心頭；心情晦暗時，就比較容易想起負面經驗。另一方面某些癌症患者比較容易陷於憂鬱，可能是他們原本就持有較負面的自我輪廓，使他們容易受負面記憶所侵擾。和其他堅強面對癌症的患者相比，他們腦中原本就儲存了更多負面記憶。由此我們再次看到，負面自我輪廓與負面情緒都會助長盤桓不去的負面記憶出現，使憂鬱的程度更爲惡化，形成一個惡性循環。

密西根大學心理學家諾蘭-霍克思瑪（Susan Nolen-Hoeksema）等人發現，執著於現時負面情緒或以往負面事件的人——也就是所謂「反芻」（ruminative）類型——特別容易陷入上述的惡性循環，也會經歷更長的憂鬱期。一九八九年加州灣區北部發生大地震之前，諾蘭-霍克思瑪曾爲一群大學生測量情緒與反芻傾向。在地震後的幾天到幾星期內，她再次評估他們的情緒與心情反應，結果發現反芻型的學生在地震後比較容易陷入憂鬱；而地震後愈是「反芻」，憂鬱的期間就愈長，程度也愈嚴重。諾蘭-霍克思瑪在末期癌症病患的照顧者身上，也發現類似情況。喜歡反覆思量負面事件的照顧者，在照料過程中比較容易陷入嚴重憂鬱。

諾蘭-霍克思瑪的團隊近期對反芻、憂鬱與記憶的關聯進行了另一項研究。首先是瞭解受測大學生的情緒，接著指派他們兩項不同的任務：「反芻」任務是請學生專注於目前的心情以及影響心情的相關事件；「分心」任務則將注意力移轉於其他事物，像是想像蒙娜麗莎的微笑或天空中的雲彩變化。結果接下來請這些學生回想過去生活中曾發生的事件時，原本情緒低落的學生，從事反芻任務後會更容易回想起負面的往事。

反芻的傾向或許也能解釋兩性對憂鬱的不同反應。諾蘭-霍克思瑪曾就男性與女性的憂鬱進行一個月的觀察，結果發現女性比較會在憂鬱的情緒上反芻，而男性比較會從事一些轉移注意力的活動，像是花更多的時間在工作或嗜好上。高度的反芻使女性比較容易陷入長期而嚴重的憂鬱。這裡我們又再次看到反芻、記憶與憂鬱的惡性循環。這些女性因自問爲何憂鬱而進行反芻，結果卻牽動記憶中眾多負面事件，而這些負面回憶又加重了原本低落的情緒，導致更漫長、更痛苦的憂鬱。男性則比較能借助分心的活動，免於這種往下沈淪的漩渦。

在此要強調，反芻痛苦經驗與將這種經驗向別人傾訴是兩回事。反芻是讓自己的念頭和記憶都耽溺於現有的情緒或狀況中而無法自拔，以致形成更嚴重的後果，而向人傾訴痛苦卻可能有積極正面的功效。德州大學心理學家潘內貝克（James Pennebaker）等人的研究就證實了這點。他們請受測者花幾天時間把痛苦的經驗以書面或口頭的方式傾訴出來。這種作法產生了意想不到的成效：受測者情緒改善、免疫系統功能增強、看病次數減少、成績進步、請假減少，甚至失業後比較容易找到工作。雖然產生這些效益的確切原因仍有待探討，但多少可以證明，將起伏的情緒轉換為敍述的形式，能對重要的生理系統發揮影響。

在探討嚴重的憂鬱症時，必須對反芻以及有用的敍述加以區分。自殺性憂鬱症患者通常很難做出具有凝聚力的敍述，只會反覆回憶反芻心理學家威廉斯所謂的「過分概括的記憶」。威廉斯曾針對自殺性憂鬱症患者的自我回憶進行實驗，採用的是文字線索提示（word-cueing）技巧。他請受測者就「快樂」、「抱歉」、「生氣」、「成功」等字眼，回想過去生命中的某一相關事件。大多數人對回憶特定經驗的細節部分，並不感到困難。舉例而言，我自己對「快樂」一詞的回應，就是看到女兒在四年級籃球錦標賽得了六分；至於「抱歉」，我想到的是受邀到一位同行的大學演講時，她發覺把我的投影片弄丟時的反應。

威廉斯注意到，嚴重憂鬱症患者無論面對正面或負面線索，很少能喚起對特定事件的記憶——這與稍早歐克斯納所說比較容易記得負面事件的細節不盡相同——他們所提出的多是泛泛的描述，像「抱歉」，他們會回答「做錯事的時候」；對「快樂」的回答，則是「我的父親」。威廉斯認爲，造成最終自殺決定的成因，多少和持續回溯過分概括的概念性記憶有關。某樁痛苦的事件可能引發不斷反芻過分概括的負面記憶，像「我永遠是個失敗者」、「根本沒有人真正喜歡我」等等，而成爲下定自殺決心的最後一根稻草。

研究憂鬱症患者的腦部活動，可以爲過分概括的記憶提供一些線索。憂鬱症患者的腦部無論是處於休息狀態或執行認知任務，左額葉某些部分（主要在表面側邊）的活動都相對減退，而曾經中風且左額葉受損的患者也常會陷入憂鬱，但右額葉受損者通常不會感到憂鬱。由此可知，左額葉這些受影響的部位，可能對產生正面情緒有一定的作用。

根據神經造影研究，左前額葉皮質的類似區域在回憶過去經驗並檢索特定細節時有其作用。耶魯大學心理學家江森（Marcia Johnson）等人的研究發現，左前額葉皮質在檢索過往事件的特定細節時活動最爲明顯。嚴重憂鬱症患者如果左額葉主要區域的功能有障礙時，就很可能特別容易受到過分概括的記憶的傷害。健康人在面對負面記憶來襲時，能召喚特定的正面經驗以爲抗衡。就像如果我的論文遭到某科學期刊退稿，或許會勾起從前被退稿的經驗，覺得自己的研究成績欠佳，但同時也可以想到一些曾經發表而且備受好評的論文，這些正面經驗讓我對自己的能力不致完全喪失信心，而能振作起來修正退稿，準備另投他處。但如果我陷入憂鬱時，想不出過去一些值得振奮的事件，腦海裡揮之不去的盡是一些與當下失望心情相符的過度概括的回憶——「我老是不能順利地在一流期刊發表文章」、「我又覺得自己像個失敗者」——這樣只會更增加失望的感覺。因此功能失常的左額葉，可能使這種毀滅性的循環變本加厲。

因此，當情緒處於失望、傷心或懊惱時，特別容易滋生反覆糾纏的負面回憶。不過爲理解這第七項記憶之罪的真正威力，以下必須將注意力轉移到創傷經驗上。

過去的創傷經驗

撒凱（Sacai）的地震如此可怖，使許多人的感官爲之痲木，還有些人震懾於那駭人的場面而不知所措。報導這一事件的基督徒布拉西厄斯（Blasius）飽受驚嚇，直到兩個月後仍覺魂不附體，也無法將這次記憶驅出腦海。哪怕是好幾年之後，或許終其一生，只要一有人提起，他們都還會再次爲憶及這麼可怕的事物而顫抖。

英國作家波頓（Robert Burton）在其十七世紀經典著作《憂鬱的解剖》（*The Anatomy of Melancholy*）中，描述古代一場地震所造成的巨大心理影響。數百年乃至數千年來，無數的人同樣經歷過布拉西厄斯與其他撒凱人的經驗：遭受巨大創傷後，仍爲揮之不去的恐怖事件記憶所侵擾。

二十世紀時，由於發生一次世界大戰，創傷經驗對記憶與其他心智功能的損害首次爲人所認識。醫生開始治療所謂的「砲彈震撼」（shell shock）的病例，也就是士兵歷經生命備受威脅的狀況，日後會反覆出現充滿死亡陰影的夢魘與回憶，以致喪失作戰能力。

戰後英國政府也組成委員會，調查因怯弱行徑而遭處決的士兵，事實上是否爲砲彈震撼的受害者。二次大戰時砲彈震撼的案例再度激增，卻要等到越戰結束之後，所謂的創傷後壓力症（post-traumatic stress disorder）才廣爲人知並爲醫療人員正式承認。當時美國的醫院與其他負責照顧返鄉退伍軍人的機構，湧現無數爲戰爭回憶所困擾的案例，患者甚至無法重拾家庭生活或融入社會。

任何創傷經驗，如戰爭、暴力侵害、性侵害、天災、酷刑、人禍等，都可能導致頻頻重現的記憶。雖然這些事件看來頗爲罕見，但根據流行病學的研究，五成的女性與六成的男性終其一生，都至少會經歷一次創傷經驗。這類經驗所引發的侵擾性記憶往往帶有生動的形象，尤其是創傷中最令人想忘記的部分，有時卻偏偏會連細節都記得清清楚楚。

雖然任何感官都可能發生侵擾性回憶，但最普遍的還是視覺回憶。牛津大學心理學家艾勒斯（Anke Ehlers）曾研究性侵害或車禍受害者的侵擾性回憶，發現兩類受害者都以視覺回憶占絕大多數，有些人只記得創痛事件中的單一畫面，還有些人的回憶是多重影像的「影片剪輯片段」。其他感官有時也會插上一腳：半數以上受害者會有氣味、聲音、身體感覺上的侵擾性回應。

創傷後壓力症往往會讓人聯想到憂鬱症。布魯溫比較創傷受害者與憂鬱症患者，結果發現前者出現侵擾性回憶的情形較爲頻繁，而且會有較多不尋常的解離經驗，覺得自己好像是事發時不相干的旁觀者。

創傷受害者在事件發生後的幾天或幾星期內，幾乎都會爲侵擾性的回憶所苦。不過正如前述凡得維德的例子，不見得每個人都會經年累月陷於這種困擾之中。如果創傷過後許久仍不斷有侵擾性回憶，而無法回歸正常的生活，就很可能是患了創傷後壓力症。

對某些人而言，創傷經驗的力量太過巨大，以致會使他們陷於過去而無法自拔。對越戰退伍軍人與性侵害受害者的研究發現，研究對象中有些人能放眼於當下或未來，而相較之下，在創傷事件發生好幾年後對往事仍無法釋懷的人，會呈現更高度的心理苦惱，而這種苦惱又會刺激他們更加執著於過去，以致形成惡性循環，一如前面提過的憂鬱症的情況。

創傷後的反應

一個人是否會陷於過去的泥淖中，與創傷後立即的反應息息相關。以一九九三年加州南部發生的野火延燒事件爲例，數不清的財物付之一炬，居民生命也受到威脅，不少人被迫撤離家園。加州大學爾灣分校的侯爾曼（Alison Holman）與絲爾弗（Roxane Silver）曾在災難剛發生後的幾天內訪談災民，並分別在半年與一年後再進行追蹤訪談。有些人在災難剛過後表示，自己的時間感出現混淆，覺得時間彷彿停止，或是無法將現在與過去和未來接續起來。這種時間解體感愈強烈的人，會比較容易在之後的六個月中反覆想起災禍的情景，而在一年之後，這些人所感受的苦惱也比較多。因此創傷後出現的時間解體感，預示了日後成爲固執反覆記憶的俘虜的可能性。

創傷剛過之後，如果一味迴避不想，也可能會造成長期的心理問題。創傷經驗中逼人的痛楚以及隨之而來的侵擾性記憶，往往令受害者避之惟恐不及，並儘量壓抑相關的記憶和念頭。一如凡亞斯代（Sarah Van Arsdale）一九九五年的小說《走向遺忘》（*Toward Amnesia*）的主角莉比，剛遭愛人遺棄，不知如何應付不斷糾纏的往事記憶，所以設計了一套心理逃避計劃。小說開頭寫道：「在陣亡將士紀念日（Memorial Day）那天，我決定做到徹底遺忘。」首先她只是告誡自己要忘記，用的方式就是不停誦唸「忘記、忘記、忘記」，後來爲了逃離處處令她憶起兩人關係的事物，她開了好幾百英里的車到加拿大去。

創傷過後選擇遺忘或許令人比較好過，可是這種作法也可能有副作用。急救人員是侵擾性創傷記憶的高危險群，無論是救護車人員、消防隊員、救難人員，都經常接觸令人不快甚至難以承受的事件。艾勒斯等人對救護車人員的研究顯示，他們幾乎都有過與工作相關的侵擾性記憶。這些記憶常見的來源是看到別人痛失親人、凶殺、嚴重灼傷，或是自己無法成功挽救生命。不過在這項研究中，只有五分之一的人到達創傷後壓力症的程度。他們最初的反應經常是避免想到創傷，如果出現創傷的回憶，又往往自認爲是精神異常的徵兆。他們一開始就不能面對問題尋求解決，反而退縮到幻想之中，冀望由不切實際的空想中找到對策。然而，逃避痛苦的記憶，往往落得日後更沒完沒了的反芻與困擾。

上面這些實驗結果與哈佛大學心理學家韋格納（Daniel Wegner）的實驗研究不謀而

合。韋格納研究的主題是受壓制思想的矛盾作用，他在實驗中指示受測者極力避免想到某個主題——如「白熊」這個中性概念，或是帶有個人意義的事件，如過去的戀情。韋格納發現，在思想經過一段期間的壓抑後，受測者常會出現「反彈作用」：他們稍後反而對受到禁止的主題想得更多更深。韋格納因而如此推論：「雖然看起來不去想痛苦的事是合理的因應之道，但試圖遺忘不但可能延長苦難，還會使之變本加厲。」不少研究支持這樣的論點，例如讓受測者看過一場悲劇電影後，指示其中一部分人不要去想與電影相關的事，結果比起那些未受壓制記憶指示者，他們反而在事後對這部電影會有更多侵擾性回憶。創傷倖存者普遍存有逃避心態，不願再回想悲慘的經驗，但這樣做的效果可能適得其反，使日後記憶糾纏的問題更形擴大。

再次體驗創傷的疏導作用

如果能在一個安全的情境下再次經歷創傷事件，應該能夠化解某些痛苦之感。任何刺激或經驗一經重覆，大概都會導致所謂的「熟悉化」（habituation），使相應的生理反應遞減。如果規律地在你耳邊播放很吵的聲音，並記錄你的生理活動，那麼一開始你的反應會很強烈，但接下來會逐漸減退。創傷記憶亦是如此，因此在安全的環境下反覆體驗創傷記憶，可以減低受創初期的生理反應。如果試圖壓抑記憶，可能會妨礙正常的熟悉化過程，反而使受壓制的回憶蓄積了額外的能量，造成日後產生更嚴重的問題。

在這種邏輯下，治療創傷受害者記憶揮之不去的方式，大致不脫讓患者在安全的治療環境下，再次體驗創傷事件。經過實驗證明，最有效的方法是想像暴露治療（imaginal exposure therapy），讓患者反覆暴露於與創傷有關的刺激之下，回想並經歷事件中鮮明的景象。一九八〇年代初期，波士頓心理學家基恩（Terrence Keane）等人發現，暴露治療降低了越戰退伍軍人的焦慮感與侵擾性記憶，其他學者對於性侵害受害者的研究也有類似的發現。基恩的研究團隊與心理學家佛亞（Edna Foa）的研究團隊也都證實，比起一些未運用重覆體驗的治療方式，暴露治療在降低侵擾性記憶等創傷後壓力症的成效最佳。

幾年前波士尼亞及赫塞哥維那（Bosnia-Herzegovina）地區種族屠殺事件的倖存者，經常會出現典型的創傷後壓力症。心理分析家韋恩（Stevan Weine）設計了一套「見證治療」（testimony therapy），也就是由倖存者述說自己的經驗，並將之與其他人的創傷連結起來。韋恩的研究團隊將各個倖存者的回憶整理爲口述歷史檔案，用來在見證治療過程中與他人共同分享。韋恩指出：「在這樣的架構中，倖存者確知自己的記憶成爲集體調查報告的一部分。就算他們並未直接尋求創傷的治療，也可以因提供見證而降低個人的痛苦。」初步研究證實，受創難民的侵擾性記憶的確因而降低。

前面提過，心理學家潘內貝克的研究發現，把失望、失落或其他負面經驗表達出來，具有正面的效果，這與上述的研究不謀而合。短期而言，創傷經驗後產生反覆糾纏的記憶在所難免；但長期而言，直接面對最希望忘卻的事件，將自己的相關經驗透露出來或與他人的類似經驗相互整合，才是最有效的克制之道。

從根本做起

要進一步瞭解創傷記憶爲何如此揮之不去，可以由相關的神經系統加以探索。大腦中對創傷事件扮演關鍵角色的是深藏於顳葉內部的杏仁核（amygdala），它狀似小杏仁，毗鄰海馬體，但兩者功能各異。我們曾提過，海馬體與鄰近的皮質層受損，會使個人記憶的形成與檢索都受到廣泛影響；而杏仁核受損並不會導致這種全面性的記憶缺陷，患者還是能記得近期的經驗，只不過對於容易激發情緒而讓人印象深刻的事件，卻缺乏特別的反應。一般人在觀看影片時，對於平凡無奇的情節（如母親送小孩上學），以及令人緊張的事件（如小孩被汽車撞倒），必然是對後者的印象比較深刻。但杏仁核受損患者面對這類讓一般人情緒激動的事件，卻並未留下較深刻的記憶。

不知道恐懼爲何物

杏仁核受損的典型症狀是對恐懼的反應不正常，面對正常人會害怕的情況，患者卻往往學不會應該害怕。近年來，研究者仿傚二十世紀初俄國生理學家帕甫洛夫（Ivan Pavlov）著名的制約實驗，利用制約反應的程序來模擬學習恐懼。帕甫洛夫每次以肉餵狗時都會先搖鈴，以致後來狗兒只要一聽到鈴聲，口水就會流出來。研究者則是讓受測者連續觀看一系列彩色板，而且每次出現藍色板時，都會伴隨震耳的號角聲；結果要不了多久，受測者開始知道藍色板出現時刺耳的聲音將要出現，情緒反應就會伴隨而來。只要監測受測者皮膚的導電反應，就可概略得知他們情緒波動的程度。

杏仁核受損者參與這類制約程序時，卻不會對藍色板表現出任何畏懼或情緒波動的跡象。在記錄實驗的錄影帶中，一位患者明知藍色板出現時，就伴有震耳的聲音，卻很篤定地向研究者陳述：「藍色板，很吵的聲音。」她自始至終都未出現學習恐懼的跡象，也就是生理反應沒有因藍色板出現而產生波動。

許多以老鼠或其他動物爲對象的實驗，也證實杏仁核受損會妨礙恐懼的制約。如果讓老鼠聽到特定音調後就施以電擊，不久老鼠一聽到這個音調就會有恐懼的表現。神經科學家勒杜（Joseph LeDoux）曾對恐懼制約進行先驅性的研究，他生動地描述受了驚嚇的老鼠：

「經過幾次聲音與震撼搭配出現後，老鼠一聽到聲音就顯得害怕，立刻僵在當場，採取典型的僵硬姿勢——縮成一團，動也不動，只有胸部隨呼吸而起伏。」

勒杜等研究者也發現，如果選擇性破壞老鼠杏仁核內的特定區域，各種驚嚇的徵兆都會消失。勒杜還發現，健康動物在恐懼制約下所產生的記憶，能長久持續，甚至不會消失。配合前面提過對腦部受損患者的研究，可以推斷杏仁核與創傷後記憶反覆重現有所關聯。

勒杜指出，杏仁核的作用在於評估流入資訊對個人的意義——即做出情緒性反應。

他將杏仁核比作車輪的軸心：由視丘接收初步的感官資訊，由大腦皮質中較高層級的區域接受廣泛處理過的感官資訊，並由海馬體的訊號顯示事件的大致情況。透過這種向中心聚攏的資訊，杏仁核可以識別發生的事件是否有意義。

我們在面對恐懼或其他引發情緒波動的情況時，荷爾蒙的分泌會增加，而杏仁核對荷爾蒙系統有重大影響，能透過荷爾蒙的分泌讓我們對創傷經驗記憶深刻，從而發揮管制與調節記憶儲存的功能。像腎上腺素以及可體松等與壓力有關的荷爾蒙，就能動員腦與身體來面對壓力與威脅，也能強化對相關經驗的記憶。一旦杏仁核受損，與壓力相關的荷爾蒙就不再具有強化記憶的作用。

神經造影技術的發展，爲杏仁核與其他腦部構造對創傷事件記憶的影響提供了新的視野。一些利用ｆＭＲＩ（功能性核磁共振造影）與ＰＥＴ（正子放射斷層造影）的研究顯示，諸如恐怖的圖片或恐懼憤怒的面孔等負面資料，會對杏仁核產生強烈的作用。威斯康辛大學的神經科學家瓦連（Paul Whalen）等人的實驗中，讓受測者在短暫的瞬間觀看表情害怕的臉孔，雖然他們根本沒法看清表情如何——受測者稱看到的是「沒有表情」的臉孔，但他們杏仁核的活動程度在害怕的臉孔出現時，還是高於愉快臉孔出現時。

因此瓦連據以推論，只要是環境中出現潛在的危險徵兆，都可能對杏仁核產生作用。

另一方面，發生負面事件時杏仁核活動的強弱，會影響日後對這一事件的記憶程度。加州大學爾灣分校的卡希爾（Larry Cahill）與麥克高（James McGaugh）讓受測者觀看一段影片，其中包含中性與負面的情節，同時以ＰＥＴ掃瞄他們的腦部，稍後並請他們回憶電影中的情節。結果發現受測者觀賞影片時杏仁核活動愈多，事後所能回想到的負面情節愈多，顯示兩者有高度相關，但中性情節則沒有這種關聯存在。

神經造影研究也發現，杏仁核在恐懼制約時的活力很強，這與對老鼠和其他動物的實驗結果相符。一些造影研究以越戰退伍軍人與性侵害受害人爲對象，發現他們在回憶創傷事件時，杏仁核呈現活躍情況。由造影研究還發現，回憶創傷事件時，腦內還有幾個與恐懼或焦慮相關的區域也出現活動升高的情形：一個在額葉深處，一個則在靠近顳葉頂端。這些研究都有助於解釋：爲何對揮之不去的創傷回憶，經常帶有強烈的恐懼與焦慮，甚至與事發當時的程度不相上下。

對創傷倖存者所做的研究，也發現壓力相關與荷爾蒙和侵擾性回憶有關。當情緒波動時，引發這類荷爾蒙活動，就會刺激兒茶酚胺（catecholamines）這種化學信號分子的分泌。兒茶酚胺中最受研究者注意的是正腎上腺素（norepinepherine），好幾項針對越戰退伍軍人與性侵害受害者的研究都發現，正腎上腺素水準愈高，愈常對創傷經驗產生侵擾性記憶。再者，對受害者施以育亨賓（Yohimbine），以增加腦內特定區域正腎上腺素水準時，幾乎有半數受測者會在視覺上瞬間重現過去的創傷事件，並經常伴有害怕甚至恐懼的感覺。

育亨賓是原產於西非的一種樹皮，在藥房與健康食品店都買得到，通常是用於壯陽或提振精力。某些患有創傷後壓力症的人服用之後，意外發現它有瞬間重現過去與引發恐慌感的作用。一位服用育亨賓來壯陽的退伍軍人，因爲過去戰爭場面不斷重現於腦海而感到難以承受，他說：「我快要瘋了，我一直在想我的同袍受了傷，而且一直認爲自己是醫務兵，必須去救他。」

另一些研究以正常人爲受測者，讓他們在觀賞幻燈片時服用育亨賓，幻燈片內容是能引發情緒騷動的事件。結果發現育亨賓能強化他們對事件的記憶力，這應該是由於記憶收錄時正腎上腺素水準提高所致。

瞭解化學與荷爾蒙對於記憶糾纏不斷的影響後，我們對如何由藥理學上對症下藥也就可以有一些心得。如果育亨賓這類物質除了刺激與壓力相關的荷爾蒙以及正腎上腺素的分泌，也同時強化反覆糾纏的記憶，那麼反過來說，能降低這些荷爾蒙與正腎上腺素分泌的物質，應該也可減輕對創傷的固執不忘，而這也正是卡希爾與麥克高在一項研究中發現的成果。他們讓一組受測者觀賞幻燈片，內容都是一些平凡無奇的事件，但一組受測者所觀賞的幻燈片中穿插有引發情緒波動的事件。同時兩組受測者中都有部分服用能抑制相關荷爾蒙分泌的藥物——貝他阻斷劑(beta-blocker)「心得安」(propranolol)，而部分則服用無實際治病成份的安慰劑。結果安慰劑組對引發情緒波動的事件記憶深刻，但藥物組則沒有這種現象，而兩者對平凡事件的記憶力則沒有什麼差別。由此可以看出，阻斷劑能有效抑制情緒高亢對強化記憶的作用。

上述的結果不禁使我們設想，是否可以透過貝他阻斷劑這類藥物讓創傷受害者固執不忘的記憶得以緩和？對於將進入災難現場的救援人員，也可以考慮先服用貝他阻斷劑，以減少事後侵擾性記憶的困擾。如果這方面的研究真能有具體成效，應該是相當令人振奮的事，不但創傷受害者可以由長期的夢魘中解脫，而不斷承受痛苦記憶折磨的緊急救難人員，也可以紓解工作上的高度壓力。

不過這種克制方式也可能招來風險，就像前面曾提過，規避創傷的記憶常會帶來反效果。長期而言，對侵擾性記憶必須理解、面對、解決，才能得到真正的平靜。受創的心靈要重拾健全功能，必須先對令人不快的創傷記憶給予適切的注意。貝他阻斷劑或許能協助受害人比較勇於面對創傷的回憶，從而達成長期性調適；但也可能妨礙正常的復原過程，因為一旦服用藥物，所謂的創傷記憶就不會帶著能引人注意的心理力量進入腦海，甚或尋求人為介入。因此借助藥物得到的結果可能利害參半：短期內可以減少創傷經驗的刺痛感，卻因未能適當面對問題，使記憶盤據心頭等症狀長期間益形嚴重。

不管記憶的不斷糾纏有多少負面作用，它仍有一項有益的功能，就是使那些該提高警覺的事件，以令人無法忽略的力度躍入腦海，讓我們未來不致重蹈覆轍。由這個觀點來看，記憶的第七罪和前六罪一樣，不應被視為困擾或麻煩，反而是人類心智中最具寶貴力量的一項表徵。

罪惡，還是美德？

人人都喜歡抱怨自己的記憶。每當與初次見面的人聊到我所研究的領域時，對方接下來的反應幾乎都是聳聳肩說：「你該研究一下我。」年過四十者更可說是屢試不爽。他們會開始滔滔不絕地說起最近心不在焉的事例，或是看到熟人卻叫不出名字等等，直到我向他們保證，這些都是尋常不過的記憶問題，他們才會鬆一口氣。

其實由前面各章眾多的實例中，我們可以充分瞭解記憶誤差的普遍程度。或許有人會因此遽下結論，認爲大自然賦與人類如此功能不彰的記憶系統，實在犯有重大疏失。這種思維認爲記憶之罪反映於腦部構造的缺失上，對此卡內基-美隆大學（Carnegie-Mellon University）的認知心理學家安德森（John Anderson）曾概括地描述：「多年來，我們曾與人工智慧研究者多次討論如何利用人腦來指引人工智慧的研究。結果總會有人提到：『當然，我們可不希望我們的系統會有像人類記憶這麼不可靠的地方。』」

如果你才花了不少時間尋找放錯地方的鑰匙，看到目擊者指認錯誤而導致冤獄的新聞報導，或是半夜驚醒時，腦海裡一直縈繞著工作上挫敗的回憶，那麼要你同意上面的論點好像順理成章。但是我和安德森一樣，對此並不認同。我認爲記憶七罪並非表示記憶系統的功能有基本缺陷，相反地，乃是因記憶所具有的適應特性所衍生出的副產品，也可以說是爲了享受許多優越的過程與功能而必須付出的代價。

演化心理學的記憶觀

爲支持這樣的論點，我由廣泛的來源取得證據與理念，包括演化生物學與演化心理學。演化心理學近年來曾引發激烈的辯論，倡導此種研究法的學者引用達爾文天擇（natural selection）的觀念來解釋認知與行爲，主張非透過演化的觀點不足以理解人類的心智。他們主張，心智所彙集的多種特別的能力，乃是爲了對應解決演化過程環境中出現的特定問題，而天擇正是心智的構造會如此複雜的主要推手。演化論者更進一步主張，心智的構造大都經由繁複的基因排列而於內在預先設定。因此心理學所要做的事，就是認知心理學家與演化論者平克（Steven Pinker）所謂的「反向工程」（reverse-engineering）：

> 「在順向工程中，設計一種機器是要用來做事，而在反向工程中，我們要倒推回去，找出這種機器當初是設計來做什麼。每當松下宣布推出某種新產品時，新力的研究人員要做的事就是反向工程。他們會買回一台新產品，到實驗室拆解開來，然後研判各個零件的作用，以及如何組合起來使整個產品能運作。」

對演化論持批評態度者，對這項理論中的幾個論點感到憂心。例如，他們覺得演化論者太依賴臆測，而太少根據實際的資料。他們質疑演化的理論是否能被適當地檢驗，使我們得以真正瞭解特定能力的起源，而反向工程的作法又是否有過成功的案例。有些人批評，演化心理學太強調以內在基因排列來解釋心智的各種能力與其複雜性。還有人則認爲，與其將心智視爲多種特別能力的組合，不如視爲多功能的問題解決者。另有些學者則質疑，演化的觀點對心理學家在心智方面既有的研究成果，其實並沒有什麼新的貢獻。

我在本章稍後會再回來探討這些課題。雖然我對演化論點是否能夠驗證也抱持疑處，但我早期的研究確曾援用演化的觀點，並發現從中可以擷取豐富的推論與假說。在前面七章中，我所著重的是實驗研究對七罪的探討成果，而本章則偏向理論的解釋，希望能由更廣闊的視野呈現與七罪根源相關的理念，讓讀者能以不同的角度思考，從而理解爲何記憶的缺失其實也正是其優點所在。

爲了闡明我的論點，先來看看哈佛演化心理學家豪瑟（Marc Hauser）在研究動物行爲時，觀察到的所謂「聰明的錯誤」。他發現動物在環境中移動時，有時會犯下令人不解的錯誤。例如，老鼠受過訓練而能順利走完迷宮，並在迷宮盡頭找到食物，這時如果在迷宮中途放置食物，那麼老鼠經過時會視若無睹，仍繼續往前走到盡頭。

爲什麼老鼠不中途停下來提早享用食物？豪瑟認爲，這是因爲老鼠採用的是類似航海上的「船位推算法」（dead reckoning），不停就行進的速度、距離、方向來更新資料，以對行進的軌跡留下詳實的記錄。另一個同樣有趣的錯誤發生在沙鼠媽媽身上。實驗者把一窩小沙鼠中的一隻抱離鼠窩，放到附近一個容器中。當母沙鼠尋找不見的小沙鼠時，實驗者又把鼠窩和其他小沙鼠稍稍搬離原先位置，結果母沙鼠回來時，還是會直接往舊窩的方向行進，全然不顧其他小沙鼠近在咫尺的呼喚。

雖然這些動物的行爲看似不可理喻，但牠們所仰仗的行進模式在大數的情況下都行得通。只不過這種適應動物環境特性的系統，在碰到意外情況發生時，卻可能爲動物帶來麻煩。還好在現實世界裡，並沒有實驗者的干預，所以鼠窩不致於自行移動位置而讓母沙鼠不知所措。

類似情況也發生在所謂的「銘記」(imprinting) 行爲上。雛雞破殼而出後，會將所遇到的第一個移動物視爲母親。在大多數情況下，雛雞最先看到的確實是自己的母親，因此銘記可說是一種有效的機制，能確保新生幼雛追隨著母雞而得到適當的食物與照料。不過研究動物行爲的勞倫茲 (Konrad Lorenz) 身後總是跟著一群小鵝，因爲牠們孵化後最先看到的移動物正是勞倫茲。銘記所依賴的特殊記憶機制，可以說是相當適合於幼雛所面對的常規環境，只不過萬一牠所碰到的第一個移動物並不是母親，就可能會造成一些問題。好在大自然中極不可能發生這種狀況。

利弊相倚

記憶七罪也有著類似的性質：大部分時間表現良好的機制，偶爾卻會爲我們招惹麻煩。七罪的正面作用，大概最容易由記憶的固執不忘看得出來。笛卡兒幾百年前對此就有透徹的見解：「所有的熱情，其功效在於能強化值得保存的良好思想；同樣地，其能造成的罪過，則在於強化與保存這些思想過了頭，或是強化與保存了不值得花心思的思想。」雖然創傷的記憶會令人不快，但這類痛苦經驗能經久不忘，其實有其重要性。杏仁核與相關的腦部構造，使我們能快速而輕易地回想起曾經威脅或傷害過我們的事件，這種經久不忘的記憶縱然有時帶來困擾，卻可以使我們日後面對相似情況時，比較能免於重蹈覆轍。

健忘也有適應現實需求的一面。忘東忘西誠然可惱，但忘卻不再相干的資訊，像過時的電話號碼或昨天的停車位等，卻是有益甚至必要的。心理學者曾指出，不重要或不再需要的資訊，往往不會再由記憶中檢索或演練，使它們逐漸喪失「事件後檢索」的強化效果，時間一久，就愈來愈難想起。

安德森等人循此理念，進一步主張隨著時間過去而產生的遺忘，反映了對環境結構的最佳調適。他們分析如何由某項資訊被使用的歷史，來預測目前的使用情形，結果發現：一項資訊在上次使用過後，如果有愈長的時間不再用到，代表未來對這項資訊的需求也會降低。例如圖書館內的書籍，如果過去經常被借出或近期曾借出過，那麼目前被借出的可能性就要比那些久久無人問津的書來得高。他們還研究一九八六與八七年《紐約時報》頭條標題中出現的單字，也發現類似的模式。某個單字自上次出現後，如果一直未再度出現，那麼時間隔得愈久，未來再度出現的可能性就愈低。生活上其他類似的情況還有不少，像我們與兒童交談時的用語，還有未來收到某人電子郵件的可能性，隨著距離上封寄來郵件的時間長度而遞減。

系統中的資訊經過一段時間後取得比較不易，其實相當合情合理，因爲愈是長期不用的資訊，未來會被用到的可能性就愈低。權衡考量之下，系統將這類資訊棄置一旁比較有利——健忘正能達到這種效果。安德森認爲，我們的記憶系統其實就好像在打賭，認定最近不曾用到的資訊，以後應該也不會用到。這種作法贏的情況遠多於輸的，但我們對少數幾次的失利——遺忘帶來的困擾——耿耿於懷，贏的時候卻總渾然不覺。

研究自然環境中動物行爲的學者，提出「取捨」這個觀念。假想有隻松鼠潛近野餐遊人身邊，攫走一點碎餅乾屑，藏身到附近的樹上，再開始享用。松鼠會這樣反覆好幾回，每次吃一點餅乾。這種方式乍看之下很沒效率，但卻可以減少松鼠暴露於潛在天敵的威脅下——大塊餅乾吃起來費時，會使松鼠的危險增加。爲使進食的「利益」發揮到最大，並使遭獵食的「成本」降低到最小，兩者之間勢必有所取捨，而松鼠的行爲正是權衡後的結果。記憶力也會發生類似的情況：對最近不曾用到或很少用到的資訊，回想起比較不容易，其實就是成本和利益相較下取捨的結果。

想說的話卡在舌尖等記憶暫時空白的情況，其實也可能是並未經常用到或最近不曾提過這些話。我們在第三章時提過，字義與字音間的聯結薄弱，最常造成記憶暫時的空白。從這裡也可印證安德森的理論：近期不曾用到的資訊會開始在記憶中淡出，因爲未來也不會用到的機率愈來愈高。愈是罕用的名字或字彙，愈沒有機會強化字音或字義間的聯結，自然更容易產生卡住的現象。

避免資訊超載

有些類型的記憶空白反映的是抑制過程，使資訊無從取得（參見第三章）。心理學與神經學早已瞭解，抑制是神經系統的基本特性，而大腦中降低活動機能與增強活動的機能，兩者的重要性不分軒輊。如果沒有抑制的作用，那麼思考某一事項時，所有相關資訊都會同時湧現，讓人無從招架。假設讓你回憶過去生活中與「桌子」有關的事，你記得的是什麼？花多久時間可以想起來？你或許毫不費力地就想到某件事——也許是昨晚餐桌上的談話，或是今早在會議桌旁的討論。如果一提起「桌子」，你腦中所有的相關記憶，也許成千上萬件的事都一起蹦出來，會有什麼後果？如此一來運作系統很可能會被爭先恐後湧入的線索所淹沒，變成一團混亂。這有點像網際網路的搜尋引擎，一輸入某個關鍵字，電腦立刻搜遍全球各地的資訊庫，一口氣列出好幾千筆的相關資訊。我們可不希望自己的記憶系統會出現這種資訊超載，而抑制過程就可以協助我們不致陷於如此的混亂中。

以上對健忘與記憶空白的分析，有一個基本理念貫穿其中：對記憶而言，有時少即是多。對於失神的問題，其實也同樣適用這個原則。心不在焉的產生，有部分原因是事件發生時並未受到適當的注意，以致日後回想不起來。但試問，如果事無鉅細，全都用心記住，到頭來得到的可能是一大堆的無用細節，多到令人難以承受的地步。俄國神經心理學家魯利亞（Alexander Luria）曾對著名的記憶高手謝瑞雪夫斯基（Shereshevski）進行長期研究，發現他對周遭的所有事物，不論大小，幾乎都保有高度細節性的記憶，但也由於經驗中充斥太多無關緊要而不值得記憶的細節，使他無法進行抽象層次的思考。幸好我們的記憶系統懂得權衡輕重，只有那些重要到值得費心收錄的事件，日後才會回想得起來；至於那些原本就不引人注意的事件，很可能日後也不會需要想起了。

知道權衡輕重的系統，使我們的記憶得以像自動駕駛一樣方便，不致因爲塞進過多不必要的例行活動資訊而動彈不得。我在第二章曾提過，開車這類的事剛開始時需要全神貫注，等到熟練後得心應手，就可委諸自動化的操控，騰出精力進行更重要的事情。當我們處於自動操控狀態時，可能會順手把書本或錢包隨處置放，結果稍後根本找不到。這種情況當然很令人生氣，可是如果你是因爲當時腦子裡正構思生意上該如何降低成本，而且也想到了省錢的良策，就不必介意眼前因心不在焉而惹下的麻煩了。我們日常生活中仰仗自動操控的地方不少，相較於從中所獲得的好處，偶爾犯一點心不在焉的差錯，該算是微不足道的代價罷了。

「少即是多」的原則也適用於另兩種記憶之罪：錯認與暗示。本書第四、五章曾舉出許多例子，說明這兩種記憶之罪反映對資訊來源記憶不清。如果記不清楚究竟是誰告知我們某件事，想不起某張熟悉的臉在哪裡見過，還是分不清某件事情我們曾親眼目睹或僅是耳聞，記憶扭曲的種子可能就此萌芽。假設我們想不起來某一經驗確切的來源爲何——無論是一開始未用心收錄，或是時間太久而淡忘——就容易犯下錯認或暗示的錯誤。我在第五章曾指出，接受不正確的暗示，可能使罪案中目擊者的證詞出現重大疏漏。

細節與梗概

但是日常生活中諸多經驗的種種細節多如牛毛，如果一一詳加保留，會有什麼後果？又得耗費多少成本？還好我們的記憶系統已經做了必要的調適，只在察覺將來有可能用得著時，才會費心記下相關細節。絕大多數的時候我們都受惠於如此運作的記憶系統，不過萬一要回想當初未曾特別留神記住的經驗究竟來源何在，就難免得付出些代價了。

有些錯認是因爲我們記不得某一事件的特定細節，但對整個狀況還有概略的一般印象。就像讓受測者連續聽一串相關的字詞，如糖果、砂糖、味道等，等稍後的測驗中聽到「甜」這個字時，就容易誤認剛才曾經聽過。同樣地，讓受測者看一些汽車或茶壺的圖片，然後再請他們指認，結果他們往往會誤指一些形狀類似但其實並不相同的汽車或茶壺。這些實驗的受測者之所以會有張冠李戴的錯誤，乃是因爲他們的記憶是以所見所聞的概略印象或重點作爲基礎。

然而，能夠記住事情的梗概也算是記憶的長處。根據我的研究，因爲只記重點而導致錯認，其實是記憶系統健全的象徵。海馬體與顳葉鄰近部位受損的失憶症患者，在相關意義字串的測驗中，能記得的字比正常人爲少，但比較不會誤認先前不曾聽過的字；在辨認汽車與茶壺圖片的實驗中，也呈現類似的結果。顳葉受損同時影響患者對細節與整體的記憶，因此無論真實或虛構的記憶都因而減少。

分類與理解的能力，有賴對資訊能做重點式的記憶，好將過去的經驗綜合歸納整理。例如，要對「鳥」做有條理的歸類，就必須瞭解所有鳥類都具備的通性，而忽略牠們彼此各異的特殊細節。認知心理學者麥克里蘭（James McClelland）認爲，將過往經驗的梗概歸納整理，是我們得以明智行事的關鍵，然而他也發現，這樣的綜合歸納往往會產生偏頗、扭曲等副產品。

近期對一些成年自閉症患者的研究，意外地與此論點吻合。自閉症患者的社交技巧與溝通能力不佳，處理資訊的方式僵化而一板一眼，但他們有時卻具備良好甚至驚人的機械性記憶力。著名電影《雨人》（*Rain Man*）中，達斯汀・霍夫曼所飾演的雷蒙就是這樣的自閉症患者。

神經學研究者貝佛多夫（David Beversdorf）曾對自閉症患者進行相關語義字的記憶測驗，結果發現他們記得的字彙與正常人相當，但比較不會誤認先前未曾聽過的字。也就是說，自閉症比認知功能正常的人，更能準確地分辨記憶的真假。

自閉症患者比較不會就聽到的字串綜合歸納，而是對個別出現的字保留獨立的記憶，因此也就不致像一般人那麼容易誤認。如果我們的記憶系統類似自閉症患者，固然可以不致因只注意掌握重點而偶爾張冠李戴，但也可能使我們像《雨人》中的雷蒙，腦海中存放一大堆片段瑣碎的資料，對環境中的模式與規律卻渾然不知。就某方面而言，誤認也算是我們為擁有綜合歸納能力所償付的一點代價。

同樣地，偏頗之罪多少也可歸咎於人類認知系統的重要優點。刻板印象的偏頗往往是基於過去對某一群體所累積下的經驗，而對這個群體中的個人做出不當的評價。雖然刻板印象有不良的影響，但也協助我們做出大致正確的歸納，而讓認知活動比較不致脫軌。社會心理學家歐波特早在一九五〇年代即指出，刻板印象是感知與記憶正常運作下的結果，因為：「人類天性上就喜歡形成自己的推論、概念與分類，其中的內容代表他對經驗世界的過度簡化。」刻板印象偏頗是記憶在綜合歸納過去經驗時付出的另一項代價。

偏見的形成，經常也是由於在記憶中過份偏袒自己：自我中心偏頗使我們記憶中的成績優於實際成績，也誇大了記憶中的工作成就；一貫性偏頗與改變性偏頗協助我們找到理由，爲自己涉入某種關係而開脫，後見之明偏頗使我們事後看起來比實際聰明。表面看來，這些偏見會削弱我們對事實的理解，好像是值得憂慮的傾向，因爲精神疾病大都與對現實的感受扭曲有關。但社會心理學家泰勒卻提出「正面幻象」的說法，認爲對自我抱持過份樂觀的看法，似乎可以增強心理健康。最容易產生正面幻覺的人，通常在生活中的許多層面都表現良好；反倒是憂鬱症患者往往欠缺健康人都會持有的正面幻覺。在回憶中誇大過去的美好，或許更能激發我們對未來也抱持高度樂觀的憧憬，而有勇氣面對新的挑戰；反之，如實或悲觀地回憶過去，可能令人意志消沉。當然，正面幻象的效果有其極限，因爲太過離譜的樂觀偏見，最終難免帶來麻煩。還好根據泰勒的看法，正面幻象通常還算溫和，對我們的幸福感有重要的貢獻。只要記憶的偏見能讓我們對生活更滿意，應該就可視爲認知系統中具適應性的產物。

適應、順應與三角拱腹

到目前爲止，我所用的「具適應性」(adaptive) 一詞意義相當普通，但要解釋記憶七罪的可能源頭時，我在此必須澄清我所謂「記憶的特性是具適應性」究竟是什麼意義。心理學家提到「適應」(adaptation) 時，至少有兩種含意。其一來自演化的理論，具有高度明確、技術性的意義，指的是物種的某一習性因爲能增加個體後代的生存能力，所以會透過天擇的過程而存續下來。達爾文將天擇視爲唯一能夠解釋生物適應特性的演化機制，主要是基於以下三點觀察：第一，他發現每一世代中只有部分能繁殖成功；第二，後代不會與父母一模一樣，其中有些比父母更高、更快或更壯，而這類變異可以遺傳給後代；第三，擁有某些可遺傳的變異的個體，生存與繁殖的機會隨之提高。天擇運作下的有機體特性就是「適應」。

不過，心理學家有時用到「適應」一詞，意義較爲寬鬆，指的是有機體的某一特性具正面作用，無論這一特性是否爲演化進程中天擇的產物。以記憶而言，記得電話號碼或學習使用電腦就是兩個例子。我們通常都記得常用的電話號碼，也就是說，記憶對這項任務具適應性。但電話是近代的發明，因此記憶電話號碼的能力，應該不可能是演化過程中天擇下所產生的適應。學習使用電腦或其他現代科技亦復如此。雖然記憶系統有能力完成這些新任務，但我們卻不能將記憶視爲學習操作現代科技而產生的適應。

哈佛古生物學者古爾德（Stephen Jay Gould）自創「順應」（exaptation）一詞，用來描述有機體的某些特性：「能夠強化目前適應力，但其現有角色並非天擇下的產物。」順應其實就是爲因應現狀需求而在後來發生的適應，以執行非原先設定的任務。例如，演化生物學者相信，鳥類的羽毛屬於演化下的適應，但它最初的功能是調節體溫或擄獲獵物，後來才被用來執行全然不同的飛行功能。人類的認知能力中，閱讀就是順應的一個例子，因爲直到近數百年來，才有較高比例的人開始閱讀，因此閱讀不可能是遠古時期天擇的產物。只不過閱讀所用到的基本視覺與認知能力，倒應該屬於人類早就演化出的適應。同樣地，記得電話號碼或使用電腦本身亦非演化上的適應，但也會運用到記憶中原屬適應的特性。

古爾德與他哈佛的同事勒翁廷（Richard Lewontin）還提出了第三類的演化發展，「三角拱腹」（spandrel）。這一名詞原係建築術語，指的是建築結構元素之間剩餘的空間，古爾德卻用來稱呼一種特別的順應類型。前面提到的順應原本的性質仍是適應，只是後來給強加上另外的功能，但三角拱腹卻自始就算不上適應，而只是某種特性不符預期的結果或副產品。古爾德等以威尼斯聖馬可大教堂爲例，中央圓頂的拱與壁之間有四個三角拱腹，後來裝飾了四福音書作者與四條聖經中的河流。雖然這些三角拱腹原本設計上並非用來展現這些繪畫，但事後看來卻頗爲合宜。同樣地，橋墩之間的空間可供人休憩，但它原本並非爲提供休憩之處而存在那裡。

該如何區分人類心智中的各項特性，是屬於適應、順應或三角拱腹？這項艱鉅的任務也成爲當代心理學界與生物學界激烈交鋒的戰場。演化心理學期望以「天擇下的適應」來解釋人類的認知與行爲，像力持這一觀點的平克就主張：「心智是一組計算的器官，乃經由天擇設計而成，以解決我們祖先在覓食生涯中所面對的各種問題。」兩位演化心理學的先驅，心理學家柯斯邁茲（Leda Cosmides）與人類學家杜比（John Tooby），也持類似的看法：「人類心智是由神經系統中一組演化的資訊處理機制所構成，這些機制與產生這些機制的發展計畫都是適應，是由遠古人類環境中長期演化的天擇所形成的。」

但是對演化心理學持反對態度的人，包括古爾德在內，卻認爲在知道事實之後再找理由來解釋心智與行為，使其符合「適應」與「天擇」的理念，其實再容易不過。古爾德主張，人類目前的心智特性有許多屬於順應與三角拱腹——像閱讀、寫作與宗教信仰等。他認為順應與三角拱腹在塑造當代人類心靈上具有主導性的影響，重要性遠超過適應，因此他形容順應與三角拱腹恰似「適應小丘旁的一座高山」。這些針鋒相對的論點，可以用平克與古爾德一九九七年在《紐約書評》（*New York Review of Books*）上的論戰為代表。

如果批評演化心理學的論述不過是事後編故事式的臆測，那麼在討論適應、順應與三角拱腹的相對重要性時，也必須根據另一套的說法提出相關的假說與預測，再經由實驗測試來驗證。像我這樣的實驗心理學者，在面對不同假說時，往往會要求由嚴謹研究而得到的具體證據，以作為判定的基準。雖然人類認知行為並無直接可查證的演化記錄——古代可沒有什麼心理學家，觀察我們祖先的行為後留下記錄——但這並不表示我們無法對演化假說進行嚴謹的測試。

細究適應的蛛絲馬跡

德州大學心理學家布斯（David Buss）等人對這類測試該如何進行，提供了精闢的見解。他們舉出三十個實例，說明根據適應與天擇的演化理念而產生的假說，如何促成對人類行爲或認知的實驗發現。其中包括男性的性嫉妒、殺死配偶或同性的模式、不同關係對背叛的敏感度、守護伴侶與女性生育價值間的關係等等。

在測試演化適應時，心理學與生物學倚賴好幾類的證據與考量。其中一條準則就是設計的複雜性或特殊性：某一有機體的特性如果內部結構極爲複雜，就不太可能是偶然的產物，或是其他元素的意外副產品，而應該屬於適應。脊椎動物的眼睛就是複雜設計的典型例子，其中許多組成部分具有繁複的相關性，因此我們應可斷言，眼睛是天擇爲完成「看」這項功能而設計出來的，並非偶然的發展或意外的副產品。十九世紀初的神學家帕萊（William Paley）認爲，如此複雜的設計昭示一位高明設計師的存在。他以製錶匠爲喻，說明繁複的鐘錶構造一如活生生的有機體構造，都彰顯出各項特定功能的背後有其設計，絕非不同零件湊巧都安放到正確的位置上。生物學家道金斯（Richard Dawkins）在《盲目的製錶匠》（*The Blind Watchmaker*）一書中，對帕萊的製錶匠譬喻有所修正。他指出，製錶匠一開始定下的目標就是設計出一隻錶，但天擇卻是盲目的——沒有目標、目的或遠見。

再回來談如何判定適應。適應會使繁殖成功率不同，因此如果某一特徵或特性在天擇中占優勢，具有這一特徵或特性者所繁殖後代的數目會比較多，由此亦可看出端倪。例如，近期的研究發現，高個子男性的子女數比矮個子爲多，支持「女性偏好與高個子男性交配」的假說，因此男性的體型，至少有一部分，可能是天擇所造成的適應。

另外，如果不同物種間都同樣出現某一特徵，也可能代表天擇的運作。以身體的對稱性爲例，人類與其他生物的身體都有程度不等的左右對稱性。在評判吸引力時，身體對稱性愈高，通常的得分也愈高。再者，無論是昆蟲、鳥類或靈長類等許多非人類的物種中，在性的競爭上，對稱性都比較占優勢。生物學家還發現，非對稱性與基因異常或暴露於負面環境事物（如寄生蟲或污染物）有關。綜合這些發現，加上許多不同物種都普遍存在有利於高度對稱個體的天擇過程，因此我們有理由相信身體的對稱性是天擇所造成的適應。雖然這種觀念尚未爲所有研究者接受，但現有的資料至少都指向確有選擇的力量在運作。

適應的跡象也見諸人類學家所謂的人類普遍性（human universal），也就是有記錄可查的人類文化中，都會出現的特徵。舉例而言，一些跨文化研究發現，男性與女性都普遍重視身體的吸引力（但男性更重視），而不同文化背景的人對於臉孔有沒有吸引力，往往判斷相當一致。而且臉孔的吸引力又常被視爲與身體或心智的健全相關，因此更使我們相信，臉孔的吸引力應該也是演化的適應。

當然，某一特性具有普遍性，並不必然代表它原本是一種適應。人類學家布朗（Donald Brown）與高林（Steven Gaulin）都指出，普遍性也可能是由於某項悠久的文化特徵因具有實效，而逐漸散佈到不同的社會中。例如火的應用（尤其用於烹煮食物）就具有普遍性，但我們未必要主張火的應用一定是反映了一種適應，根據布朗與高林的看法，倒不如解釋爲人類因長期與火共處而瞭解它的用途。不過高林也指出，排除這類的文化性解釋之後，其餘的普遍性就應該可作爲我們找尋心理適應的指引。

空間記憶的起源

對於適應的本質有了上面這番理解後，我們又該如何來看記憶以及記憶七罪呢？雖然目前尚無充分的證據支持演化性的起源，但一些性別差異的研究卻提供了相關資料。例如布斯等人曾提出一項有關記憶的演化性假說：女性對物體的空間位置的記憶比男性正確。加拿大心理學家伊爾斯（Marion Eals）與希爾弗曼（Irwin Silverman）根據狩獵－採集時期（也是人類意識演化的一個重要時期）的考古與古生物學資料推斷，當時男性主要從事狩獵，女性則是採集，這兩種活動對空間認知與記憶有不同的要求。成功的採集者必須能在複雜的植被層中找到食物來源，並且日後還能憑著記憶再次找到，因此對從事採集的女性而言，天擇自然會促使她們對物體的空間位置發展出良好的記憶，而男性則不會有類似的情形。

爲驗證這項假說，伊爾斯與希爾弗曼請男性與女性受測者觀看空間內散置的物品。其中一項實驗的物品是在圖畫中表達，另一項實驗則是將實物散放於房間的幾張桌子上。結果兩項實驗中，女性對物品位置的記憶都優於男性。不過在某些與狩獵相關的空間能力上，男性的表現卻優於女性。

後來的一些研究也得到伊爾斯與希爾弗曼相似的結論，不過也有人認爲相關的推論應該更爲嚴謹，因此女性的空間記憶能力是否爲天擇所形成的適應，可以說尚無定論。不過這類研究卻可提供範例，說明應該如何制定與驗證有關記憶起源的演化假設。

有關男、女性在空間記憶能力上的差異，天擇究竟扮演什麼角色，還有另一類的研究結果可供參考。心理學家謝利（David Sherry）曾對多種鳥類的記憶進行研究，其中一種是棕頭燕八哥。雌性燕八哥在繁殖期間會找到別種鳥的巢，在其中產下一枚蛋，接著再去找其他的巢，以供幾天後下另一枚蛋。雌鳥必須牢記每個巢的位置，因爲雄鳥對此漠不關心（其他種類的燕八哥，雄鳥與雌鳥會協力尋找下蛋的巢）。

謝利曾在較早的研究中發現，鳥類之所以能記得存放食物的地方，與牠們腦部的海馬體扮演的角色息息相關。克拉克星鳥（Clark's nutcracker）秋季時會把三萬顆穀粒分別藏到五千個不同的地方，待來年春天再一一找出。整體說來，星鳥面對如此高難度的回憶任務，表現得十分傑出。這種需要找出貯放食物的鳥類，海馬體比起其他鳥類巨大；此外，這些鳥類的海馬體如遭破壞，對食物存放地點的記憶也會受到影響。

謝利據此推論，如果鳥類的海馬體對空間記憶很重要，那麼雌性棕頭燕八哥在天擇的作用下，海馬體應該比雄鳥大。經過比對雌鳥與雄鳥海馬體占腦部體積的比例後，證實了他的推論。另兩種與棕頭燕八哥近似但不會在其他鳥類巢中下蛋的鳥，就未見雌鳥與雄鳥之間有這種差異。

在其他物種中，也出現雄性在天擇壓力下，具有比雌性更優越的空間能力。高林曾對兩種雄野鼠進行研究，一種是一夫多妻制，一種則是一夫一妻制。一夫多妻的雄野鼠在繁殖季節，必須擴大地盤，以增加交配的機會。結果這種野鼠的公鼠空間能力比母鼠爲優，海馬體也較大，而後一類野鼠則沒有這種性別差異。

上面以動物爲對象的研究結果，都強烈支持「記憶的某些特性是天擇所造成的適應」的說法。不過據我所知，對於記憶七罪卻還沒有出現同等份量的證據，能夠直指其源頭。早在一九八〇年代，謝利與我曾經合寫過一篇論文，指出記憶的某些特性是由天擇所造成的適應，還有些則屬於順應，我們並試圖指認兩者的特徵所在。對於記憶七罪，我也採取同樣的研究方法。

演化與記憶七罪

七罪之中，最可能歸入適應之列的，要算糾纏與健忘兩者。如果記憶一再重現心頭是源自對威脅生存的狀況所產生的反應，那麼能牢記這些危險經驗的動物或人，必然會在天擇中占優勢。如果這種非常基本的能力在起源上的確屬於適應性質，那麼許多物種的神經機能中，對威脅生命的經驗，都應該能長期保存記憶。雖然前面提過，眾多文化中普遍出現的特性，未必一定是適應，但卻可視爲適應的一個明顯標示。神經生物學家勒杜就發現，包括人類、猴子、貓、老鼠等物種，牠們的杏仁核與相關構造都和持久的恐懼學習有關。同樣地，我們也可預期在許多不同文化與社會團體間，找到記憶糾纏、杏仁核以及恐懼經驗之間的相互聯結。雖然目前對這一課題尙沒直接的證據可言，但對記憶糾纏的問題就神經生物學與認知層面進行跨文化研究，應該會有頗爲豐富的收穫。我們在第七章曾提到，記憶糾纏是源自杏仁核與調節記憶形成的荷爾蒙之間的微妙作用——而看到這個相互依存的系統，就會令人聯想到背後定有其複雜的設計。

根據安德森的論點，健忘很可能也是演化上的適應。前面提過，安德森認爲健忘反映了對環境結構的最佳調適。但這裡有個難題，如果健忘是天擇下產生的適應，那麼它的性質就應該反映人類祖先進行演化時的遠古環境，然而我們又該從何得知狩獵－採集時期，甚至更遙遠時期的環境性質？顯然並不容易。有些人類學家研究迄今仍與世隔絕而以採集爲生的部落，例如秘魯東南部的馬契堅卡（Matsigenka）原住民。如果能瞭解這類部落檢索資訊的模式，那麼對於「健忘所反映的環境性質，其實更接近遠古社會，而非現代西方社會」的說法，當可有進一步的判定資料。可惜據我所知，目前尚無任何這類的研究。不過，曾與安德森合作過的認知心理學家斯庫樂（Lael Schooler）倒曾另闢蹊徑，研究過這個問題。

斯庫樂研究的是兩個不同環境中的靈長類動物行爲，而這兩個環境都與人類祖先演化生息的環境有重大的雷同處。他所研究的對象分別是墨西哥熱帶雨林中的吼猴與坦桑尼亞草原的狒狒。經過連續好幾個月觀察這兩群動物的遷徙行爲，研究者發現牠們重返同一地區的機會，視上次離開後的時間而定，離開的時間愈久，再回去的可能性就愈低，其降低的曲線與健忘的曲線有異曲同工之妙。因此，雨林與草原區的環境，也和前面提過安德森所研究的現代環境一樣，大致支持「長期不曾應用的資訊，就算忘了也無關緊要」這個假設。雖然我們並不知道這些類似的模式是否反映現代人類與遷徙覓食的靈長類存有某一共通的演化起源，但至少我們可以更加確定，健忘是對於環境中長久存在的特性所做的適應，無論在這個環境生存的是現代人還是原始的靈長類。

心理學家泰勒根據她有關「正面幻象」的研究指出，過度樂觀的偏頗也可能屬於演化上的適應。但賓州大學心理學家海恩（Steven Heine）的研究團隊卻對這種說法感到懷疑。他們認爲，自視過高的態度僅見於特定的文化中，舉例來說，根據人類學、社會學與心理學的資料，都顯示日本人往往對自我持批判的觀點，迥異於北美人常有的正向偏頗。如果說正向偏頗是演化上的適應，那麼這種特性應該在各個文化中都看得到。當然，如果例外的情況僅發生在日本，並不足以否定正向偏頗爲適應的可能性，而這就仍有待更多跨文化的研究加以驗證。由此我們也可看出，對各種記憶偏頗進行跨文化研究，應該可以提供許多有價值的資訊。

記憶的偏頗與高層次的認知運作以及複雜的社會互動都有密切的關係，而這兩項過程恰好在各個文化間常會有頗大的差異。根據海恩的團隊所進行的研究，我們可以推斷，特定的記憶偏頗在不同文化間會出現差異，而且這種差異大都屬於社會與文化規範的產物，與天擇下的生物演化關聯較小。當然，所有文化還是都可能有記憶偏頗，只是種類或內容有所不同而已。即使如此，我還是認爲記憶基本上受一般性的常識與信念指導，所以會偶然產生偏頗這種副產品。

我還認爲，其他的記憶之罪——空白、失神、錯認、暗示——可能都屬於演化上的三角拱腹。我的一部分理由純粹基於合理性的考量：我們很難想像天擇所設計出來的是一個漏洞百出的記憶系統，既容易發生心不在焉的失誤，又常常會有名字或字詞卡在舌尖的現象，而且還會產生無中生有的記憶。不過，我們前面也提過，這些毛病很可能是記憶某些有用特性的副產品。這些有用特性本身屬於演化上的適應與順應，而它們所構築的記憶系統並不會將每一事件的確切來源鉅細靡遺地保留下來。我們也曾經提過，健忘的產生與資訊近期很少被檢索或運用有關，空白可能也是這種運作下的副產品。至於認知功能中占重要地位的分類與推論能力，都有賴對資訊能做重點式的記憶，但這樣的綜合歸納往往會產生虛構記憶這類副產品。

不過記憶的三角拱腹和建築的三角拱腹有所不同，後者並不妨礙或損害建築物的結構功能，而前者則並非如此。無論是失神、空白、錯認或暗示，都可能使我們的生活受到暫時或永久的損害。當我們承受這些差錯所造成的苦果時，自然很難心平氣和地承認，這些不過是我們認知活動能順利運作的重要功能所帶來的副作用。在思考記憶的三角拱腹時，不妨回想一下爲防強敵窺伺，每回只敢偷一點餅乾屑來吃的松鼠。這些設計之外的三角拱腹，代表的是記憶系統爲達成重要（但比較不顯眼）的利益所必須付出的代價。

如果我對記憶七罪起源所做的分析還有些道理，那麼我們可以確定一件事：這些罪不可能在短期內消聲匿跡。想想本書一開頭提過的威爾柯默斯基的例子，他「記得」童年時期身處納粹集中營的恐怖經驗，但其實他當時待在安全的瑞士。對如此可怕的經驗也能產生虛構的記憶，看起來好像不可思議，所以我們很可能將這個案例視爲罕見的例外。不過，如果威爾柯默斯基的妄想是源自錯認與暗示，而這兩種記憶之罪又確屬演化上的三角拱腹，那麼這個個案就絕不會是獨一無二的特例。的確，近年來不少人在心理治療過程中，相信自己恢復了埋藏久遠的童年創傷記憶，只是治療結束後，他們又常否認這類記憶的真實性。由此也可看出，威爾的經驗絕非孤立的個案。其他像是一些人自稱曾被外星人綁架，並且遭受稀奇古怪的待遇，也可說是異曲同工。在這些個案中，都經常可以看到催眠等暗示手法的蹤跡。

其實這些虛構的記憶算不上新鮮事，我們在第四章就提過，一八九〇年代虛構回憶與似曾相識的爭論就曾喧騰一時。早在一八八一年，英國心理學家沙利（James Sully）在《幻象：心理學之研究》（*Illusions: A Psychological Study*）一書中，就曾以一整章的篇幅探討「記憶的幻象」，並列舉一個又一個記憶扭曲的案例，恰可爲我所稱的記憶錯認以及暗示提供現成的例子。歷史學者紀爾瑞（Patrick Geary）曾經提到，十一世紀一位巴伐利亞的修士，自稱記得早年在旅途上曾見到一條飛龍。這種虛構記憶可能也是幻想與暗示雙重作用下的產物。這兩類記憶之罪伴隨人類已有久遠的時間，未來也必然會延續它們的惡行。

其他的記憶之罪也大同小異。以健忘而言，人類爲克服這種毛病所做的努力可謂歷史悠久，早在古希臘時期，就有以生動的視覺形象來輔助對新資訊記憶的方法。同樣地，記憶糾纏也可追溯到古早時期，第七章曾提到古代一位地震劫後餘生者在多年後，仍無法「將記憶逐出腦海」。創傷後壓力症雖然最近才爲心理學家與心理分析師所理解，但這種症狀可能遠從人類有創傷經驗以來就已存在。這個論點在謝伊（Jonathan Shay）的著作《阿奇里斯在越南》（*Achilles in Vietnam*）中有精采的描述。該書將越戰創傷的後遺症與荷馬史詩《伊里亞德》的情節相提並論，談到阿奇里斯如何因未能安全掩護一名同僚而哀痛逾恆，並在憶及對方的死亡時有「爲記憶所刺穿」之感。

雖然記憶七罪看似經常與我們作對，但它們其實是人類心智傳承中不可分割的部分，與記憶系統所以能正常運作的特性也有密切的關聯。記憶的罪惡與美德間看似矛盾的關係，吸引了芬妮・普萊斯（Fanny Price）的注意。這位奧斯汀（Jane Austin）《曼斯菲爾德莊園》（*Mansfield Park*）小說中的女主角，望著以往荒瘠的一片土地，變成眼前灌木成列的美麗步道，讚嘆之餘不免回想起幾年前這裡的情景，也好奇自己未來是否還會憶得這一情景。此情此景令她思考起記憶看似矛盾的特性：

> 如果我們的天賦中有那一項機能稱得上優於其他，我認爲一定是記憶。比起我們其他的智慧，記憶的力量、失靈、厚此薄彼之中，似乎有某些日後令人不解之處。記憶有時是如此清晰，如此方便，如此溫順；但有時卻如此混淆，如此脆弱；有時更是如此殘暴，如此不聽使喚！人類的確在各方面來看都是個奇蹟——但我們記憶與遺忘的能力，好像特別讓人弄不明白。

現代心理學與神經科學已經能證明芬妮有一點是錯誤的——我們記憶與遺忘的能力「特別讓人弄不明白」——但她對記憶好壞兩面對比的敏銳體會，可說是再確切不過。記憶七罪不僅是我們要努力應付的惱人麻煩，也可以讓我們明瞭，記憶如何仰仗過去來滋養現在，如何保存現時經驗的元素以供未來之用，又如何容許我們能隨心所欲地重訪過去。記憶的罪惡與美德是一體的兩面，構築了橫跨時間的橋樑，讓我們的心智得以與世界接軌。

國家圖書館出版品預行編目

記憶七罪／沙克特 (Daniel L. Schacter) 著；
李明譯.-- 初版-- 臺北市：
大塊文化，2002 [民 91]
面； 公分.-- (from ; 7)
譯自：The Seven Sins of Memory: how the mind forgets and remembers
ISBN 986-7975-25-1（平裝）

1. 記憶 2. 認知心理學

176.3 91004652

LOCUS

LOCUS

LOCUS

LOCUS